一个小小的国家在她的远方流浪
湿漉漉的
好天气都给广州了
那里的花还在开

——《想念广州》

图书在版编目（CIP）数据

广州旅本 / 纪琳銮著；番外旅本编辑部编 . — 广州：广东旅游出版社，2016.10（2022.08重印）
ISBN 978-7-5570-0468-2

Ⅰ.①广… Ⅱ.①纪… ②番… Ⅲ.①旅游指南—广州 Ⅳ.① K928.965.1

中国版本图书馆 CIP 数据核字 (2016) 第 213877 号

番外·旅本

总 策 划：刘志松
执行策划：蔡璇　张晶晶　殷如筠
责任编辑：贾小娇　殷如筠

手绘插画：马笑笑　江柳　谢晓丹
地图绘制：马笑笑
摄　　影：全景图片网　马笑笑　陈永善　蔡璇　蔡瑶
装帧设计：马笑笑　艾颖琛
责任技编：冼志良
责任校对：李瑞苑

本书"广州旅游形象IP——阿蛮、咩仔"形象，由广州城市旅游问询救援服务中心（广州文化旅游产业促进中心）授权使用。

广州旅本
GuangZhou LüBen

广东旅游出版社发行
（广州市荔湾区沙面北街71号首、二层）
邮购电话：020—87348243
联系电话：020—87347732
印刷：深圳市希望印务有限公司
（深圳市龙岗区坪地街道怡心社区吉祥二路13号厂房B栋）
787 毫米 × 1092 毫米　32 开　6 印张　60 千字
版次：2016 年 10 月第 1 版
印次：2022 年 08 月第 2 次印刷
定价：45.00 元

纪琳銮　著 / 马笑笑　江柳　谢晓丹　插画

番外旅本编辑部　编

廣東旅游出版社

中国·广州

番外 · 小引
——雕刻旅行时光

人生是一部大书，日常生活则是正文。

仅仅沉溺于执着于生活正文的进退兴废，跌宕起伏，生活职业化，算不上丰盛人生。

正文之外，还有番外。

旅行，算是人生番外的一种，生活的他方。

因此，圣·奥古斯丁在其蜚声于世的人生总结《忏悔录》中说：

"世界这本书，不旅行的人只看到其中的一页。"

的确，仰观宇宙之大，俯察品类之盛，乐山乐水，游目骋怀，旅行，穿越人山人海，翻越世界很多面，足以拓宽人生的宽度。

但是，并非理所当然地一定能延展生命的长度和提升生命的纯度。

旅行有如读书，虽万卷阅遍然不知"破"，亦囫囵吞下仙人果，不解其味，二师兄是也。

旅行不二，不能走马观花，浮光掠影，换个地方吃饭，换个城市走路，上车睡觉，停车撒尿，下车拍照，回来啥也不知道。

今天，国人已经告别了赶鸭子上架的打卡时代，旅行升级到了 3.0，目的地从省内到国内再到国外；装备从 walkman 到 iPad，从数码相机到单反；方式从跟团游、半自助到全自助……

越来越多的人在追求有价值的旅行。

但生活正文之外，要真正写好旅行番外这篇文章，做好罗杰斯所说的人生最有价值的投资，如卡尔维诺所说"为了回到你的过去或找寻你的未来而旅行"，升级还远远不够，还需要改变更多。

因为，说到底，所有人的旅行，从本质上说，都是想通过空间的位移来赋予时间新的意思，把时间活成更好的时光，让时间散发出日常生活之外诗意的光芒和别处的智慧。

他不可辜负。

他需要优游，需要深入其里，反复求索和玩味，方得其中三昧和味外之旨，从悦目、悦心到悦神。"星河尽涵泳，俯仰迷下上"，真正的旅行者都是涵泳者。

他需要踏着下雪的北京，品尝夜的巴黎，拥抱热情的塔希提，湄公河上有邂逅……

他需要搜集地图上的每一次风和日丽，用心挑选和寄出纪念品，路过纽约地铁里湿漉漉的表情，错过布拉格广场上最后一道班车，见证世界上最危险的厕所和最美丽的天空……

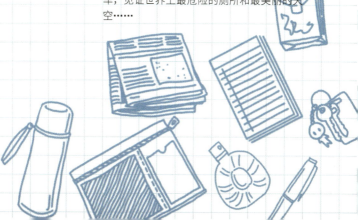

他需要一段午后的时光、雨中的跫音、一次森林的迷失、青草更青处的漫溯……

他需要一本书、一支笔、一页纸、一杯摩卡,他需要揣摩、吟咏、记录、描绘……

没错,他需要路上有谦卑,"keep hungry, keep foolish"。

而这,就是我们所提倡的,所致求的,就是我们的"番外"态度。

番外,是我们致力打造的一个旅行品牌,只为最有价值的旅行而生。今天,当你读到这段话时,事实上,已经进入了我们的番外·旅本。番外·旅本,是一种图书和笔记本融合的跨界产品,既是一种精雕细刻的价值读物,也是一种用以记绘可以反复使用的环保记事本,总之,它是一种可以改变旅行态度和旅行方式的文创产品,提倡从脚下旅行、眼睛旅行、相机旅行到笔下旅行、走心旅行、创新旅行("试图用能给世界一些新意的眼光来看世界"——凯鲁亚克),打造属于自己旅游传承的博物馆。

番外·旅本,雕刻旅行时光,不辜负每段旅程。

时间因雕刻而精致,岁月因记录而传承。

番外·旅本,欲承载人生更多的热爱和梦想。

这,真需要你我一同来完成。

刘志松

CONTENTS

广州° 博物馆

资讯。 微焦镜

城市丈量指南

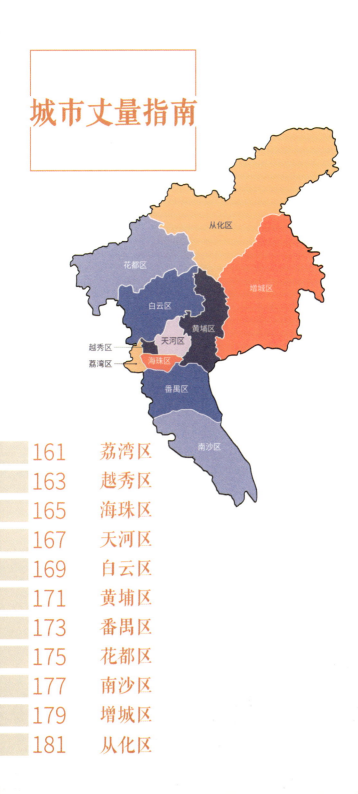

从化区

花都区

增城区

白云区

黄埔区

天河区

越秀区

海珠区

荔湾区

番禺区

南沙区

广州身世

这里是广州

广州旅游 TOP18

广州。博物馆

广州身世

雄赳赳的西伯利亚寒流攀上黄土高原，吹拂过长江中下游平原，最后跨过南岭。在这里，火红的霓虹灯驱散了寒冷，时光变得温润。这里是中国的南大门——广州。

广州又称羊城、花城，是广东省省会，地处珠江三角洲北缘，东江、西江、北江三江共同见证了羊城两千多年的历史。粤文化最早由百越文化中的岭南文化孕育而来。秦始皇挥剑南下，一统南越，设立南海郡，番禺成为首府。"广州"二字则来源于三国，孙权将交州分为交州和广州，合浦以北为广州。

要说广州的繁华，最早要回溯到公元 6 世纪，南北朝时期的广州就已是一个扬名世界的大都会。白帆飘飘，海波荡荡，象征着权力与财富的船队从这里出发和归来，古中国的茶叶、丝绸、瓷器从这里去往世界的那端，一个个黄金梦在人们心中闪闪发光。作为海上丝绸之路的始发点，广州至今仍处处存留着对外文化交流的遗迹——光孝寺、六榕寺、华林寺、怀圣寺、清真先贤古墓、南海神庙，都见证了这段繁华历史。在西来正街，还曾有南天竺高僧达摩那洁白的衣襟飘过，他心中那颗菩提树的种子曾在这里落地，生根。

撇开久远的历史，人们所熟知的广州，是一枝独秀对外开放的广州。明清的海禁，成就了广州这全国唯一一个对外开放的大门，可以说是广州地位迅速上升的黄金时期。西方人的大商船乘风破浪，一路沿珠江北上，到达这个英国人眼里最容易做生意的城市"揾银"。世界各国的物资在这里聚集流转——香珠银钱堆满市，火布羽缎哆哪绒。濠畔街连西角楼，洋货如山纷杂处。

　　绵延不绝的骑楼下，有老字号的凉茶铺、铜器铺、粥粉面店；而青石板的大街上不仅有传统的长衫、大襟衫，还有发色各异、西装革履的洋人，长袍垂地的中东人，短衣短裤的东南亚人，身材矮小的东瀛人。这里最引人注目的，是装修精美的瓷器店：黑底金漆的长条招牌，宽大的店门招进财气，店里整齐排列的木架上，是种类众多的精美瓷器。颇受洋人青睐的广彩，色泽艳丽，多用金漆，图案既有中国风，也有描绘十三行和外国船队来广州的情景。一套堆金织玉、金光闪闪的广彩瓷茶具，一壶香醇回甘的中国红茶，几份小点心，再加几缕阳光，这就是当时英国贵妇的时髦下午茶。而广州贵妇的时髦，是身着纷繁复杂的镶滚刺绣花纹装饰的大襟衫和长裙，头饰广府女子必戴的"珠掠"和"花梳"，雍容华贵，都市气派。

　　到了民国，政治时局风起云涌，广州繁华不减。在民国的黄昏，站上当时广州的最高点——爱群大厦，望着天边金灿灿的夕照，哺育广州人两千多年的珠江从眼下奔腾

不息地南流，红色薄暮笼罩下的沙面租界近在眼前，让人深深感受到这座城市永不熄灭的活力和热情。转身回望市区，左手是西关，右手是东山。西关大屋有知书达理的西关小姐，东山洋房有荣华富贵的东山少爷，旗袍柔美，中山装挺括，传统与现代撞击出一段段美丽的爱情火花。这里不仅有佳话良缘，还有名士风范。在东山，有一座背靠东濠涌、看似平常不过的黄色建筑，是鲁迅的故居白云楼。在民国的广州街道上，贤士名流的身影时而闪现，时而隐没，更为这座城市平添了许多魅力。

动荡年代中，英雄的鲜血染红了羊城的木棉花。道光年间，林则徐在广州领导禁烟运动；清末广州人民难忍屈辱，奋起发动三元里抗英；康有为创设学堂，宣扬维新思想；"碧血横飞，浩气四塞，草木为之含悲，风云因而变色"的黄花岗上，七十二壮士英勇就义；辛亥革命的枪声下，这座对外贸易的城市化为革命的摇篮……那时节，小巷里身套彩色鸡公、卖飞机榄的小贩，或是大街上头戴斗笠、披着白毛巾的黄包车车夫，或是茶楼里卖《广州民国日报》的妹妹仔，都有着自己的奋斗目标。

珠江逝水，时光荏苒，今天的广州更显活力。大型商城、灯光夜市、繁华的步行街以及一年两度的广交会成为广东商贸的名片。广州也是一座科教文化之城，中山大学、暨南大学、星海音乐厅、广东美术馆、广州艺术博物院、红线女艺术中心等文化设施完善，公交地铁网络发达，公共设施一应俱全。夜幕降临，万家灯火升起，中央商圈的璀璨灯光更显气派。这座传统与现代结合的城市倒映于珠江畔，彻夜不眠，在辉煌的灯光下，述说着一个从未逝去的古老的梦。

广州的身世，犹如一列驶向远方的老式蒸汽火车，绿皮车厢一节连着一节，从不间断，历久弥新。汽笛声响，又将启程，你是否，已做好踏上旅途的准备？

广州是个"暖男"

满城皆"靓女"

神龛里有关公，生意就是生意

且去饮茶

落雨大，水浸街

"蒲街"，愈夜愈浮沉

幸福全在波鞋里

这里是广州

广州是个"暖男"

广东人的眼里，只要是外省人都叫"北方人"，这是一个百聊不厌的梗。不过这也无可厚非，广东地处中国大陆的南端，这么南的地方肯定觉得其他地方都是北方啦！

北方的朋友在广州过冬常戏谑："我是一只来自北方的狼，却在南方冻成了狗。"应付北方的干冷可以多加几件衣服，缩在室内取暖。广州的湿冷却十分恼人，洗过的衣服晾了一个多星期还干不了，到处湿漉漉的。北方下雪过后是很冷的，雨夹雪最冷，广州呢，直接下成了雨了，有点像冰冻的碳酸饮料。这几年闹得沸沸扬扬的南北供暖之争，估计也是这湿冷逼得吧！

除了冻雨，广州气候的一大特色是冬雨或者春雨过后，会出现令人闻之色变的"回南天"。这时节，无论办公室还是家里，处处都会蒙上一层薄薄的水珠，镜子沾了水珠已经照不见人影。历经这些湿嗒嗒的天气过后，太阳又开始露面，温度上升，进入"暖冬"。暖冬里，大街上随手一拍会发现，路人中着羽绒袄的和单衣短裙的并肩行走，也会有上身大衣下身露腿的靓女，大家挤个地铁都能挤出汗来。广州的"暖男"本色在这时发挥得淋漓尽致。

TIPS

广州的雨季长，夏天会有大暴雨、狂风等极端天气，雨季出行要注意当地的天气预警。

花城还有个特殊的现象，就是秋天不落叶，春天落叶，因此冬天总色调是绿的。难怪北方人说广州没有秋天，因为秋天最明显的特征就是落叶呀！在花城，当你发现第一片落叶飘落，你就知道，广州的春天来了！也许今天黄了一地，明天就会惊喜地发现，满街的树上都是绿芽。

满城皆"靓女"

早晨的茶楼，午后的拉肠小档，深夜的粥粉面，档主阿叔阿姨们热情招呼的"靓仔""靓女"声不绝于耳。"靓女"在粤语里就等同于问候语"嗨"，这与广州自古经商有很大关系，几声热情的"靓女"，会让更多的银钱流入手内。

粤语又称"广府话"，自称"白话"。与普通话四调相比，粤语有九个声调，念起来铿锵有力，起伏不平，表现力十足。以粤语为母语的人数仅次于官话和吴语，粤语也有文字——"广州外字"。当然，在包容万象的广州，普通话推广得也很不错，广州人遇到外地人会主动讲普通话，虽然他们的"广普"不太标准，但并不影响交流。年轻人虽然从小学习普通话，但是他们本地人之间仍以粤语交流为多，QQ、微信常用粤语词汇打字，又亲切又好玩。

粤语不只是一种独立的方言，粤文化是它的母亲，粤剧是它的姊妹。粤语中很多有趣的俗语就来自老广的生活习惯和粤剧台词。前几年流行一句"他不是我杯茶"，年纪稍大的广州人会说"唔啱合尺"，意为"不合拍"，这是来自粤剧表演中的说法，原意为"跑调了，唱不下去了"。

TIPS

广州人的礼貌用语极富地方特色，外地人初来乍到听到这些话，常会一头雾水。广州话中使用频率最高的可能就是"唔该"，意指"谢谢"，有时也作"劳驾""麻烦您"使用。在广州，请人帮忙或者让条路之前，都要先道声"唔该"。
"打搅晒"是请求别人办事时所用的口语，包括感谢和抱歉两层意思。

广州人看电视很少看CCTV这类普通话节目，男女老少从小到大都习惯看TVB、珠江台、本港台这类白话台。广州本地情景剧《外来媳妇本地郎》曾经是广州人一家老小吃完晚饭之后的必看节目。"老广"看电影也多看粤语电影，从民国电影《白金龙》开始，粤语电影直到现在都未停止过脚步，现在许多香港电影依旧坚持拍粤语版，后期再配上普通话配音，算是对粤语文化的一种坚持吧！粤语歌在二十世纪八十年代是类似"喇叭裤""收音机""迪斯科"的潮流象征，直至今日，一些经典曲目还在被翻唱。

神龛里有关公，
生意就是生意

曾几何时，"广州人"在全国人民眼里就是"壕"的代名词。说到广州人，让人立即联想到的就是背心短裤金项链，一副经典香港电影里的富商形象。没错，虽然这和现在的广州人装扮不太一样了，但说到广州，不得不说做生意。

由于海洋文化与大陆文化的交融，老广州人骨子里有一种不怕冒险、追求创新的精神，清末有漂洋过海去美国掘金的冒险者，改革开放后有抓住时机白手起家捞到第一桶金的创业者。法国著名学者佩雷菲特有过一个著名的论断——"精神创造经济奇迹"，大抵就是如此。

天河中心商圈、北京路商圈、上下九商圈、中山六路商圈——不论日夜，广州各大商圈人满为患。你可以尽览琳琅满目的国内外商品，累了在太古汇的方所书店喝杯咖啡、看看书，在天河城喝杯星巴克，或者在更平民化的地

下步行街喝杯奶茶。从地铁站出来，抬头看见天空被巨大的高楼所拥抱，脚踩的地面下是热闹非凡的地下步行街，这座城市，无处不商机。

这样的商业气派不是凭空而起的，穿越百年，街边一间间小店的老红木招牌下，十三行噼里啪啦的老算盘声，至今仍不绝于耳。唐玄宗时，为四海之神封王，给广州的南海神封号是"广利王"，"广利"二字，就是"广招天下贸易之利"的意思。十三行崛起于清朝的"一口通商"，全世界的大商船把各国的货物堆积于

此，广州的广绣、广钟、象牙雕刻、藤器、白糖、果品等"广货"也流入到国内外市场。至今十三行在服装批发行业里仍占据着重要地位。著名的西关也依靠世代经商的财富积累，成为老广州的经济中心，店铺云集，日进斗金，"十三行"因此享有"金山珠海，天子南库"之美誉。

水边有十三行，山边有小北路。越秀山麓的小北路是老广州重要的闹市，民国时通向白云山，故又称登峰路。这条曾经的小泥路，两侧茶居、百货、食肆云集。在广州，再小的店，一进店的当眼处都有红木漆的神龛，拜的是丹凤眼、卧蚕眉、手捋长须、坐读《春秋》的关公，左右两边还站着手执青龙偃月刀的黑脸周仓和捧着帅印的白脸关平，旁边竖有两根小柱，柱顶亮着红色电灯泡，代替香烛。这与港片里的黑帮拜关公还是有区别的，广州人拜关公是期盼那一把青龙偃月刀能保住财气，不过这财气可得符合关二爷的诚信原则。

广州人注重诚信务实，而且"顾客至上"的服务态度让人印象深刻。即使是一家小小服装店的阿姨，也会热情亲切地和你聊今天的菜几块钱一斤、前几天的"水浸街"今天终于退了之类的家长里短，人和人之间的交流平淡、轻松、不拘谨，不仅买到平靓正的物件，还买了个好心情。

且去饮茶

得闲饮茶，这是广州人的早茶生活。

广州早茶老少咸宜，用来休闲和谈生意皆可。有的人喝早茶是一家老小一起聚会，有的是生意人约了客户谈生意，但早茶的常客还是一些老人家，边吃点心边喝茶，聊聊闲天，就从早晨五六点一聊到中午，省去了午饭这一程序。早茶也是穷富皆宜，虽说茶楼装潢一片富贵气派，但短裤拖鞋又何妨，最经典的"一盅两件"（即品一壶香茗，两三件点心）是最实惠、最平民化的吃法，其境界可以用"叹"字来形容。所谓"叹"，就是"在悲悯的人世中享受"。说到"叹"，点心才是主角，常见的点心有马蹄糕、红豆糕、糯米鸡、干蒸烧卖、水晶虾饺、鲍汁凤爪等。

　　坐在一张擦得乌黑发亮的紫檀木桌前，一笼笼五颜六色的精致点心热气腾腾。马蹄糕是透明的黄色，入口即化，里面还有荸荠碎，甜蜜和爽脆相伴，满口的香气化作一个美好的早晨。红豆糕像一位素雅的西关小姐，穿着白绸朱点的旗袍，弱态含羞朝你微笑，心都融在蜜罐子里了。糯米鸡又称珍珠鸡，小心翼翼揭开荷叶，露出洁白柔软的糯米，入口充满着荷叶的清香，咀嚼时黏牙并带有鸡肉香。烧卖是一个个穿着花边黄外套的小个子，敞着肚皮，用筷子夹起一个，咬一口，有猪肉的嚼劲和香菇的鲜嫩。水晶虾饺是大多数靓女之爱，透明中带着粉红，好似白纱粉底的蕾丝裙，春风十里不及这少女情怀。鲍汁凤爪也是必不可少的美味，凤爪同鲍鱼汁、花生、料酒一起蒸，不软不硬，入口即化，没有油腻，爽口就是早晨的感觉。

　　是不是已经垂涎三尺了？别急，还有基本款。早茶桌上必不可少的就是一盘拉肠、一盘炒河粉，或是一笼奶黄包和水煮青菜加酱油。叹早茶，不仅仅是广州人的一种生活方式，更是明心见性的自由，是六祖慧能传人赵州和尚的"吃茶去"。

叹早茶

落雨大，水浸街

"落雨大，水浸街，阿哥担柴上街卖，阿嫂出街着花鞋，花鞋花袜花腰带，金丝蝴蝶两边排。"老广小时候都唱过这首歌谣。每当此曲响起，就让人想起来得突然的落雨天，那几日街坊出街都得挽裤腿，阿嫂阿嫲都不能坐在树下摇着蒲扇聊家常了，只有细路仔最开心，撑着雨伞蹚水玩。

这"水浸街"历史可以追溯到汉朝，西湖路就发现有西汉水闸。除此之外的见证还有宋代的"六脉渠"。《广州府志》写道："春夏雨集，则满城俱浸，官民不便"。当时政府决心大力整治河道，建了六大渠把广州各处的雨水汇聚，排到珠江里去。"青山半入城，六脉皆通海"。但到了明清时期，老广州尤其西关一带经济快速发展，人口大幅增长，渠边乱搭乱建现象严重，沟渠的排水功能大大减弱。水浸街的现象又严重起来，变成了广州一"景"。

南方的天气说变就变。做生意是广州人生活的一部分，雨一下，不仅摆的摊子要收，客人都会变少。不过这可难不倒开放、灵活的广州人，北京有四合院，上海有小洋楼，而广州有骑楼。

广州骑楼是粤派骑楼的代表，始建于清末民初。广州骑楼把一楼四米门廊扩大串通成沿街廊道，二楼一般是供居住或出租的楼房，最上端是精致华丽的檐口或山花。房屋沿街的一侧是洋式的店面橱窗，窗台以下的檐口窗楣有丰富的装饰花纹和浅浮雕。骑楼内的店铺可以借用柱廊空间，敞开铺面、陈列商品，方便顾客挑选。顾客则可以沿走廊自由选购商品，不用担心日晒雨淋的问题。广州骑楼在第十甫路、上下九、中山路、解放路、人民南路、一德路等商业街道较为集中，有仿哥特式、南洋式、古罗马券廊式、仿巴洛克式、中国传统式等。沿江西路一带的骑楼最为壮观，其中的代表有新华大酒店、南方大厦、爱群大厦等。

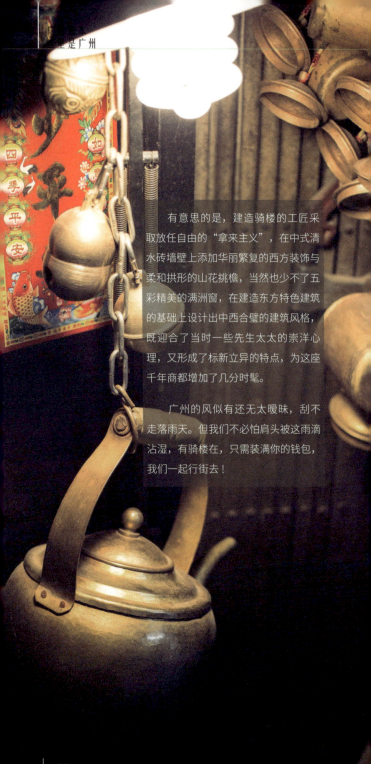

有意思的是，建造骑楼的工匠采取放任自由的"拿来主义"，在中式清水砖墙壁上添加华丽繁复的西方装饰与柔和拱形的山花挑檐，当然也少不了五彩精美的满洲窗，在建造东方特色建筑的基础上设计出中西合璧的建筑风格，既迎合了当时一些先生太太的崇洋心理，又形成了标新立异的特点，为这座千年商都增加了几分时髦。

广州的风似有还无太暧昧，刮不走落雨天。但我们不必怕肩头被这雨滴沾湿，有骑楼在，只需装满你的钱包，我们一起行街去！

"蒲街"，愈夜愈浮沉

　　夜浓时分，睡意全无，那就去"蒲街"吧!

　　北京路附近的西湖路在夜色愈浓的时候，愈散发它的魅力。橙黄的灯光弥漫整个街道、移动摊位、服装店铺、食肆与行人抢着一分一毫的空间，在这狭小的空间里来来去去，眼神在货物间不停片刻移动，怕说不定就被后面的游人挤走了自己心仪的"平靓正"的物件。来来回回拎了大包小包，满足感爆棚，找个小摊档坐下来吃碗萝卜牛杂或者牛腩粉，夜的空虚寂寞冷就荡然无存了。

熬夜伤身？很多宵夜店为你送上美食的同时，也会给你端来一杯特制凉茶。凉茶在广州历史悠久，恐怕不仅为了清热气，还为了"夜蒲"可以更肆无忌惮吧。

宝业路有"广州宵夜一条街"的美称。在蒲天光·深夜地道广州味来一打蒜蓉烤生蚝，来一份十三香小龙虾，享用生猛鲜活的广州夜生活。更有灯火通明的广州大排档，杏仁猪肺汤、蒜蓉粉丝蒸扇贝、玫瑰豉油鸡……三五好友，边喝边聊，感受地道的人间烟火气。这里的干炒牛河色香味俱全，镬气十足，河粉厚韧不碎，盛在广府特色的鸡公碟里，两个字：满足。

行街食嘢还不够嗨？那就转场吧。咖啡酒廊、餐吧、会所、俱乐部有着不同的定位，所以消费人群的姿态也各不相同，转场就是让你像川剧变脸一样，从安静到刺激，一夜玩遍不同的广州，喝不同的酒，见不同的人，做不同的自己。先去一趟ThePaddyField点杯G字头黑啤，原木吧台，蓝调或轻摇滚，传统淳朴的爱尔兰情调音乐放松你的每一根神经。又可以嗨又可以吃的当属H CLUB（原名"本色酒吧"），这里可以品法国贵族香槟VenveCliquot，还可以吃到专业餐

厅水平的下酒菜，180度的珠江江景环
绕眼前，不爱夜店的朋友也喜爱这
里。

　　琶醍酒吧街、沿江路酒吧街、环
市路的酒吧街——三大酒吧街各领风
骚，等你寻觅，广州的夜，黑得分外
妖娆。

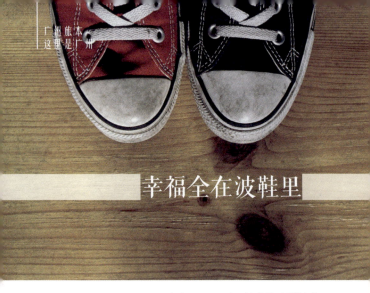

幸福全在波鞋里

在白天，可以四处奔波应酬谈生意，或是行色匆匆没有表情地出入高楼大厦，晚上，微暗的路灯下，上身是无领的文化衫，下身是一条"孖烟囱"（短裤），脚上穿对人字拖，缓缓拖着自己的影子深夜觅食，这大概也是广州年轻人的经典形象之一。生活在广州，你会忙得焦头烂额，也会放松得一塌糊涂。

曾经广州人还爱打赤脚，后来爱穿拖鞋，现在又爱穿波鞋（球鞋）。看看广州大街小巷的波鞋店林立，文化衫平靓正，就知道广州人的穿衣风格了。有人说广州人穿衣太随意，不够得体，不如说是广州人务实不爱浮夸。皮鞋总没有波鞋走路来得舒服，有时难免还要跑一跑赶赶电梯地铁，在热得可以冒烟的夏天，穿及膝裤衩通风舒适，工作起来也更有效率，这样看来，还是波鞋裤衩来得方便实在。落雨大，水浸街，广州人也不会去穿笨头笨脑的雨鞋，更多的是人字拖、皮拖、洞洞鞋。在中山大学，大雨滂沱的台风季节里穿着拖鞋去上课成为一道别致的风景线，常年生活在南方的老师们也都十分体谅，并不因此愠怒。看着广州人穿着人字拖在街上健步如飞，不得不说，能稳稳夹住人字拖也是一种功夫啊！

广州人不仅务实，还低调。上海人有句话，叫"从嘴巴上省下来"，可以一个月省吃俭用就为了买一件漂亮的衣服，而广州人可不是这样的。广州人给人的印象是很率性，即使是领导或富豪也往往私底下运动衫见人。但是他们知道去哪里可以吃一碗好吃又便宜的鱼蛋，哪里的大排档下酒菜最新鲜。也许你在大排档看到的某个趿着人字拖、穿背心、吃着几块钱的粥粉面的男人就是个隐形富豪。爱拼才会赢，但懂得生活才是真正的赢。广州女性也是如此，穿金戴银的师奶都很少见，去香港购物，通常是购买奶粉、食物、药品和日常用品，而不爱去金店或奢侈品店。广州人对喜庆崇尚简朴，陪陪家里老人喝喝早茶，也好过久久见一面就给了个大大的红包。广州人的市井文化，是一种务实低调的态度，比起追求面子活在别人的世界里，不如让自己舒舒服服来得实在。

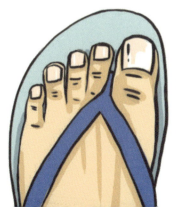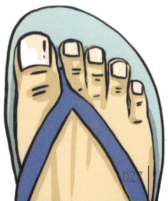

小蛮腰

沙面

中山大学　黄埔军校

珠江

长隆欢乐世界　西关

白云山

光孝寺

镇海楼

十三行

南海神庙

陈家祠

永庆坊

南沙十九涌

增城白水寨

迎春花街

从化温泉

TIT创意园　琶醍　太古仓

广州旅游 TOP18

"小蛮腰"：一次看够珠江和广州繁华

乘坐地铁3号线从广州塔站出来，会有很多外地游客在这里拍照，他们拍的是广州地标之一——广州新电视塔（广州塔），俗名"小蛮腰"。每到夜晚，犹如美女之腰的广州塔身不停地变换七种颜色的灯光，非常漂亮，时尚感十足。灯光倒映在珠江江面，与珠江上数座大桥的彩灯相互映衬，繁华中带几分柔情。

广州塔观景平台于2013年获得世界吉尼斯纪录"世界最高户外观景平台"。找一个星晴的夜晚，位于天河、越秀及海珠三区的交接处，登上"小蛮腰"的48层楼，即可尽观广州新中轴线的繁华。面临国家级CBD之一的珠江新城，海心沙公园、花城广场、珠江江景一览无余，西塔、中信大厦、广州国际金融中心全都尽收眼底，看着珠江上游轮小如发光的甲虫，珠江沿岸的建筑灯光蔓延到地平线，这座城市的繁华，仿佛没有尽头。

广州旅本专业认证
广州旅游
推荐

NO. 2

沙面欧式美学的
瑰丽情怀

沙面坐落于珠江岔口白鹅潭畔，又称拾翠洲，是一个珠江冲积而成的沙洲，仿佛一颗小巧精美的珍珠，点缀于老广州一侧。

从地铁黄沙站出来，过了天桥，跟着众多的游人一路追寻，走到曾有印度警卫看守的桥头，就到达沙面。沙面在宋、元、明、清是通商要津和游玩胜地，在第二次鸦片战争后沦为英法租界，现在是国家5A级景区。八大条街巷穿过150多座新巴洛克式、仿哥特式、券廊式、新古典式及中西合璧的建筑，邮局、银行、教堂、咖啡馆、药店、餐厅无不齐全，仿佛是个贴心的菲佣早早把一切安排妥当。

八角形攒尖顶上复杂的棱垛与古树的绿叶相交织，穹窿顶亭子雪白圣洁，绿油油的水洗石米面、或粉或白或黄的老砖墙映衬左右。铁工艺椅曲线优美得像一位法国的淑女，慵懒醉人的小资

资情调让人仿佛置身 19 世纪的西欧。拿起心爱的相机，去邂逅一只鼻子有斑点的猫。

　　当年的沙面依据特殊的身份躲过日寇炮火的蹂躏，老广乘着渔民小艇，隔着沙基涌看这片仅存的圣土，又是与现在不同的怎样的感受？来一趟沙面，背倚汇丰银行的帕拉迪奥式立柱，看看锈迹班班的街灯是否比当年亮。

一文一武两学校

广州有一文一武两所历史上著名的学校，一所叫中山大学，一所叫黄埔军校。

在历史悠久的中大校本部骑着单车，道路两旁一座座红砖绿瓦的建筑安然挺立，这些两三层的小楼房在参天巨木的掩映下布局规整、大气低调，民国范儿十足。永芳堂和马丁堂前充满生机的大草坪则时常举办闻名遐迩的"中大草坪音乐会"，演唱者上至哲学系的教授、下至大一刚入学的孩子，气氛热烈，风格不拘。孙中山像以及由他亲自

定下的"博学、审问、慎思、明辨、笃行"的校训标志都矗立在校园的中轴线上，孙先生坚定从容的表情时刻提醒着学子们——"振兴中华，永志勿忘"。

　　黄埔军校旧址位于黄埔古港附近，牌坊门额上白底黑字的"陆军军官学校"横匾，是谭延闿的手笔。大门两侧的墙壁上是洋洋洒洒的"革命尚未成功，同志仍须努力"，正面古朴简洁的走马楼为校本部。你可以在"军校校史""东征史迹""孙中山在广东革命活动""黄埔群英油画馆"等展览中品味一段段沧桑饱满的历史风云。

十里长堤珠江夜游

灯光，似是城市的双眸。广州的灯光，汇聚在珠江江畔，珠江夜游，仿佛是把这座城市的灵魂尽览。

晚上到天字码头，坐一程游船。船板摇摇晃晃，低垂的夜幕亲吻船沿，珠江的波澜与灯光共舞，红棉灯和柱头灯勾勒出这个千年商都。值得欣赏的老景有珠海丹心、粤海关大楼、爱群大厦、沙面、二沙岛、塔影楼等；新景有海珠、海印、解放三桥，白天鹅宾馆，沿江酒吧廊等。滨江东堤岸树影婆娑，十里灯光绵延。

若说桨声里的秦淮河是蔷薇色的，像个温顺娇美的苏杭女子，那么灯光下的珠江则是炫彩的，是位时髦现代的西关小姐。

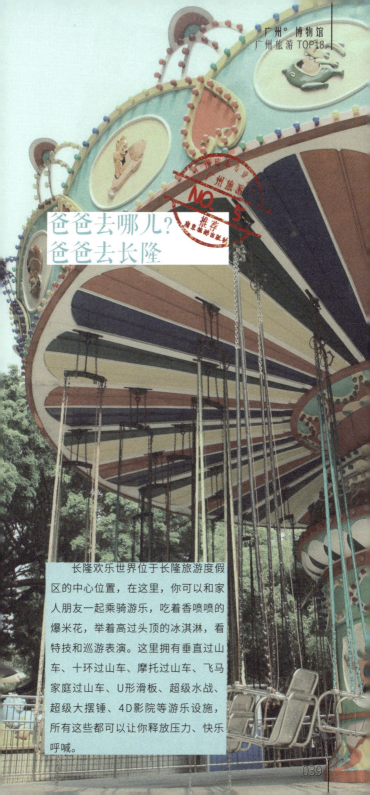

NO.5

推荐

爸爸去哪儿?
爸爸去长隆

长隆欢乐世界位于长隆旅游度假区的中心位置,在这里,你可以和家人朋友一起乘骑游乐,吃着香喷喷的爆米花,举着高过头顶的冰淇淋,看特技和巡游表演。这里拥有垂直过山车、十环过山车、摩托过山车、飞马家庭过山车、U形滑板、超级水战、超级大摆锤、4D影院等游乐设施,所有这些都可以让你释放压力、快乐呼喊。

长隆野生动物世界里，可以看肥肥的大熊猫、懒懒的考拉、威武的大白虎。温馨得如儿童房的小房间里，有被当作小朋友一样照顾的小猩猩。你还可以自驾车看牢笼之外的野生动物，这在全国是首创的。

长隆水上乐园有小朋友喜欢的"宝贝水城""水迷宫""小喇叭""冰川隧道"等游乐设施；还有体验亲情之旅、幸福之旅的"漂流河""超级造浪池""夏威夷水城""合家欢滑道""离心滑道"等众多水上玩乐设施，既新鲜又刺激。热辣的沙滩美女、性感的长隆国际比基尼小姐以及热情奔放的桑巴舞女郎、飞行乐队等与你共度欢乐时光。

玩遍广州长隆，体验广州热情，不过可别忘了涂防晒霜哦！

情迷老西关

广州旅本专业认证
广州旅游
NO. 6
推荐

　　荔枝湾畔的西关历史悠久，是广州商业繁荣的摇篮。一紫檀木桌的西关美食，一个老算盘，再加上一位身着海派旗袍的西关小姐，这就是西关。

　　西关大户人家世代经商，其千金是广府女子的典范，世称"西关小姐"。

　　早期的西关小姐深居简出，卖货郎挑着担子在大屋前吆喝，小姐会派贴身女佣（"妹仔"）出来看货。随着欧风美雨的浸染，西关小姐走出闺阁，身着时髦高开叉旗袍，容光焕发地在文化思想的舞台上起舞。她们穿着黑裙、短襟衫的女子校服，在占西关学堂近一半的女校里接受最先进的思想，钢琴、拉丁文都是必修课。我国第一张女子的小学毕业证，就来自广东省浸信会培道女学堂（今广州市第七中学）的一位西关小姐。

冬天，
在白云山遇到春天

当华北平原笼罩在一片雪白的冬天之中时，广州的白云山却一片青翠逼人、鸟语花香。

白云山从北到南共有7个游览区：麓湖、三台岭、鸣春谷、摩星岭、明珠楼、飞鹅岭和荷依岭。到了山顶，还可以一享深山垂钓的乐趣。与朋友比赛钓鱼，肥美的渔获则带到山脚的餐馆，让老板煮一桌鲜美的全鱼宴——清蒸、红烧、煲汤、油炸，让你一饱口福。

如果嫌爬楼梯累的话，还可以走公路、自驾游，在这里常常可以见到一家老小来野餐，大人聊天，小孩子打闹，看爷爷打一套咏春，听嫲嫲唱一出粤剧。当然了，缆车也是必不可少的，乘着缆车升到半空中，自己在这大山的上空就渺小得如一根轻盈的羽毛，簌簌摇摆的古树在脚下向后飞过，不费多少力气就可一览山顶风景。

有人说，在广州读大学，没去白云山看过日出的大学生涯是不完整的。有许多学生、摄影爱好者会组队爬山，在傍晚到达白云山的"白云晚望"景点，晚上通宵聊天玩桌游，等到次日凌晨就看着东方渐露鱼肚白，一轮咸蛋黄似的红日缓缓升起，这就是青春啊！

禅宗初始光孝寺

"菩提本无树，明镜亦非台。本来无一物，何处惹尘埃。"

韶关南华寺、广州光孝寺、肇庆鼎湖山庆云寺和潮州开元寺是广东四大名寺。其中光孝寺历史最为悠久，本为南越王赵佗玄孙之府，一直流传"未有羊城，先有光孝"之说。那年，慧能带着五祖衣钵南奔，在此以"风幡论辩"展露峥嵘，剃发修度，受具足戒。他把"摩诃般若波罗蜜法"传播到岭南，继承了东山法脉并建立了南宗，为光孝寺的历史加上浓厚的一笔。木鱼伴明月，青灯照古佛——昙摩耶舍在此建寺讲学；印度名僧智药禅师途经西藏来羊城讲学，埋了一颗菩提在祭坛上；唐代高僧鉴真第五次东渡日本时，也曾在某个春天漫步古寺。

选一个上好的清晨，到寺里找块明净的树荫，坐下看看书，把时光抛在脑后，哪管它红了樱桃，绿了芭蕉。清风舞长袖，菩提伴青烟，大概孔子也喜欢这种闲情吧。

镇海楼上望江

相传六百多年前，明太祖朱元璋皇帝信佛信道，道人铁冠子说南海有紫云黄气，怕会出猖獗之端。于是，镇海楼就此诞生，内供罗刹像，以镇"王气"。不过岭南的王气好像真的就被镇住了，除了南越王赵佗建了个偏安一隅的南越王国和"五代十国"时期南汉建都在此，岭南再没有别的"王气"了。有的只是明朝末年被清军逼到岭南的明朝贵族，最后也不过是化为炮灰，恐怕就因为"王气"早被切断了。

现在的镇海楼已经不是以前的土木结构了，民国时期翻修成钢筋水泥结构，"涂饰丹镬，扫除烦秽"。在众多现代建筑之后，藏着这样的一栋楼，它是镇不住财气的，这是让古代统治者寝食难安的活力。规则工整的覆檐，石湾彩釉鳌鱼花脊，在夜晚灯光装饰下，显出红黄白三色，璀璨迷人。在月光下扶栏远眺，梧桐萧萧，白玉柱微凉。当年的两广总督叶名琛在这里指挥守城，击退十万红巾后，大概也这样远眺感慨过。

西风卷去了风流事，只有楼仍在。

廣州博物館

广州旅本专业认证
广州旅游
NO. 9
推荐
南方日报出版社

大清帝国十三行

西关的白鹅潭畔，有一条不起眼的窄巷，它就是明清时期的"华尔街"——十三行。

现在的人民南十三行路依旧交易繁忙、人头攒动，众多批发商在这里谈生意，做着祖上传下来的老本行。"洋船争出是官商，十字门开向两洋；五丝八丝广缎好，银钱堆满十三行。"官府组织十三家经验丰富的牙行经纪人，组建了老电影里常常出现的"十三行"，十三行的实质是官营的商业中介组织，为语言不通、人生地不熟的外商提供了极大便利。

如今，广州一些小小的、不起眼的城中村，却处处都是士多店、粥粉面、日用品店，这种由小做大的草根信念，正深深地体现出广州人的商业气质。

由于战火的侵蚀，到了民国，十三行四大家族已经没落，那段辉煌的历史被封存在博物馆的橱窗内，但广州人的商业热情却如那些珍贵的文物般永久流传。欲了解这段往事可参观十三行博物馆（文化公园内）。

从南海神庙出发

老上海有城隍庙，闽南有妈祖庙，广州则有供奉着南海神的南海神庙。

南海神庙建于隋开皇十四年，是中国古代东南西北四大海神庙中唯一留存下来的建筑遗物。相传唐朝时，古波罗国位有来华朝贡使达奚司空，回程时经过广州到南海神庙，登庙谒南海神，因欣赏这个精美的庙宇而错过回国的船，就一直站在岸边翘首远眺。这就是"番鬼望波罗"的故事。据说使者将从古波罗国带来的两颗菠萝树种子种在庙中，至今不知道菠萝树的去向，但神庙从此也被称为"波罗庙"了。

每年的"波罗诞"庙会是这里最热闹的时候，庙会上，靓女靓仔会来祭海神，求良缘，"第一游波罗，第二娶老婆"，欣赏"五子朝王"等典礼，买只"波罗鸡"作留念。据说大殿中洪圣大王坐的位置，正是南海神庙的龙穴，常年有活水湿润泥土，若游于此，不妨细看。

陈氏书院和
岭南建筑之美

广州旅本专业认证
广州旅游
NO. 12
推荐
淘宝店铺出版社

从地铁 1 号线陈家祠站出来，眼前是清水砖的古朴青色调，爷爷奶奶带着小孩子在广场上散步玩耍，游客则排着队买十块钱的票（学生半价）。

陈家祠建筑格局"广五间、深三进"，装饰精巧，富丽堂皇，以"古祠流芳"之名入选"新世纪羊城八景"。初到这里最重要的事，便是欣赏它美丽了百年的"三雕"与"两塑"。

从上至下，从外至里，堂、院、廊、厅、门、窗、栏杆、屋脊，都可欣赏到石雕、木雕、砖雕、陶塑、泥塑和铁铸，瓜果、花鸟、云纹等图案花纹镂雕于石栏杆，铸铁花等纤巧小品镶嵌于各处。屋脊上还有长达二十七米的巨幅泥塑，既壮观又精美。除此之外，还有民间工艺美术品的展览，仅雕刻作品便有木、石、玉、竹、象牙、金属、贝壳十余种，还有民间艺人展示瓶内画、剪纸等技艺。

看完古建筑，还可以和美食约会。在陈家祠附近，可以喝一杯荔园的传统丝袜奶茶或者锡兰柠檬茶，可以去贞姨美食品尝二十年老字号海鲜，或者去向群饭店吃葱油淋鸡、士多啤梨咕噜肉，再配一份锦鲤杨枝甘露……吃什么，你来选。

广州版本专业丛书 广州旅游
NO. 13
推荐
随身携带出版社

西关乡愁，永庆坊

想要来一次"广州骑楼深度游"，前往永庆坊是个不错的选择。

永庆坊位于广州市最美骑楼街——荔湾区恩宁路，东连上下九地标商业街，南衔沙面，闹中取静，最宜步行。

漫步永庆坊，你会感到时间变慢了，其实，是你的脚步放慢了。美不胜收的，是那带着些许异国情调的罗马柱，是那精雕细琢的山花。麻石巷、满洲窗、趟栊门、雕花彩塑、玻璃幕墙……这些骑楼街独有的"小确美"，是相机难以捕捉的，必须去走，去看，去静静品味。

漫步永庆坊，有已是网红热门打卡点的李小龙祖居，有粤剧的摇篮八和会馆、銮舆堂，有曾经东山少爷、西关小姐云集的罗曼蒂克地标金声电影院，有书法家、收藏家李文田的书轩泰华楼，有铁路工程师詹天佑的故居……讲不完的故事，说不尽的历史。

走累了，在街边找一家店铺，点一份甜品，感受"舌尖上的永庆坊"，也是无比惬意。

广州旅本专业从品
广州旅游
NO. 14
推荐
南沙区滨海出游第一站

南沙十九涌的
水乡时光

珠江滔滔向南流入海，出海处聚沙成万顷沙洲。沙田人世世代代在这里耕沙筑堤，抛石砌围。知青年代时填海筑堤岸以灌溉、开路，便有了这沙洲中十九条围与围之间的涌道，"南沙十九涌"名由此来。

这里的海边没有海滩，只有石堤坝，每年冬天有大批的候鸟迁到这里栖息与游人作伴。自驾来的朋友别忘了清空后备箱，果菜生产基地的木瓜、阳桃、香蕉、甘蔗、莲藕足量又便宜，值得一买。来南沙十九涌最不可错过的当数秋天的海鲜了，可以在海翔路的海味街、露天大排档吃，还可以在游艇上吃。生长在咸淡水交界处的南沙特有鱼种狮子鱼，可清蒸或者香煎；掰开奄仔蟹的蟹壳，滑溜溜、半流质的蟹膏澄黄欲滴，别忘了蘸一蘸带馥郁沙姜香的酱料；可以治咳嗽的金钱鱼肉质嫩滑、营养丰富；咸水莲藕，鲜甜带粉，可除去海鲜大餐的些许鱼腥味。

品着特色海鲜，海风迎面吹来，让心情也豁然开朗起来。

乡间之旅

高楼大厦太生硬？古屋寺庙略沉重？不如到增城来一次荔枝与莲花相伴的乡间之旅吧！

在增城白水寨，雨水丰足的时候白水仙瀑布魅力更显，白绸般的瀑布贯穿奇峰、怪石、秀水，七仙女奇观更点缀眼前。亲朋好友一起尽情亲水戏水，凉丝丝的水穿过掌间，快乐是如此自然、不做作。绿道两边的树让暑气飘浮于半空，形成一个朦胧的蒸气层，和好友骑着单车穿梭其中，清爽的空气从耳边吹过，夹杂着青春的香樟味道，看不见的蝉唱着舒服的小调。渴了也不怕，路边有卖绿豆糖水的流动摊位，在莲塘边坐着小凳喝清甜的糖水，荷香乘着风迎面吹来，莲塘的香都融入了糖水，融入了身上每一个毛孔。

　　如果在农家乐订了位，商家会免费提供游览单车。骑完单车喝完糖水，就去农家乐吃烧鸡、烧排骨、炒油麦菜，最好来一顿冬瓜宴。小楼镇盛产的黑皮冬瓜，皮薄、肉厚、清甜、消暑。夏天的羊城，当然还要摘荔枝，吃完午饭就去荔枝园。在这里，有一个以荔枝为主题的荔枝文化公园（仙山荔枝园），妃子笑、桂味、挂绿、糯米糍等都在伸手之间可随意摘取，这些品种有什么区别，等你用嘴来解答吧！

行花街，年味香

"年卅晚，行花街。迎春花放满街摆，朵朵红花鲜，朵朵黄花大，黄花大啊，红花鲜，红花边有黄花大，千朵万朵睇唔晒……"

在荔湾北路、北京路、西湖路等重要街道，每年花商会在农历腊月二十八搭起牌楼，开始"揾银"打拼。在老街的记忆中会有装饰以栏杆、傍柱、主柱、傍脚、花边、花窗、对联、诗屏的精致牌楼，"巧搭装龙宫殿，精工砌凤凰台"。而现代节奏的加快，让竹棚搭上红布的简洁款更受花商追捧。这就是广州人称为"花街"的年宵花市。

无论穷富，大过年的广州人家里都少不了几盆碧叶金丸的金橘、亭亭玉立的水仙、笑脸盈盈的桃花和精致清香

的菊花。爷爷嫲嫲由儿女陪着买盆"常青长寿"的富贵竹，年轻夫妇买几枝百合以求"百年好合"，小情侣则买几朵玫瑰。细路仔就拿着小彩球、小风车，骑在阿爸肩上，看着花商吆喝，听着铜锣咚咚，让大人再插一竹签萝卜牛杂边走边吃。

在花城，生意再忙，也要精致地生活。

去从化泡一泡温泉

每年盛夏对于从化来说是个摘荔枝、泡温泉的好时机。

从化的闻名主要归功于流溪河。碧波桥横卧流溪河，两岸是温软的细沙，河东岸是温泉疗养区，可以随意在温沙里挖出一个"澡盆"，温泉便会汩汩地喷出好似一串带着温度的玉珠的"汤泉"，这时便可到"澡盆"里享受了。

远望露天泉眼朦胧似梦，轻烟袅袅，近看却是清澈见底，细石晶莹。眼前层峦叠翠、鸟语花香，远处的楼台、小亭、曲廊参差错落，恬静清新。梅、李、松优雅地伸展着身姿为美景添加了几分气质。

温泉湖产生于沙岗建坝，形成一个绿色的"海洋"，与金色的沙滩相般配。划着小艇在如画面般静谧的湖心观赏风景，其间戏水摄影，不亦乐乎。射击场、鹿场、熊场、猴山、烧烤场也是好去处。从化特产荔枝干、蜂蜜、三花酒、荔枝酒，天湖出产鹿茸、鹿尾巴、鹿茸酒等名贵特产，个体商户就地取材制作木雕、根雕、手杖等工艺品，都是临走时可以考虑购买的纪念品。

有生活就有创意

广州T.I.T创意园位于海珠区的赤岗，前身是广州纺织机械厂，2008年进行改造，保留了好多原纺织机械厂的生态原貌和纺织工业元素遗址。

现在是文化艺术、时尚产业创意园，有好多知名企业入驻。特别值得一提的是，腾讯公司旗下的微信(WeChat)全球总部就在这里。它地处广州的新城市中轴线上，广州塔是它的布景板。

珠江琶醍啤酒文化创意艺术区则是以世界上最古老的酒精饮料之一的啤酒为主题的。博物馆附近还有一条贯穿多家酒吧餐厅的单车径，晚上吹着江风，喝喝小酒也无妨。

太古仓则是在旧码头建了怀旧电影院，相遇、离别、爱恨的故事有多少都在码头发生，来这里看一场醉生梦死的老电影，品尝全世界的红酒，给爱过的人写明信片。

国际葡萄酒采购中心
创想会客厅
春风十里音乐餐吧
54汇
演艺剧场
太古仓电影库
浩奇先生餐吧
唐荔酒家
y&m饮品店

广州美食时光

广州购物全攻略

WE ARE YOUNG

『读懂广州』体验线路

实用粤语小汇

资讯。微焦镜

白斩鸡

叉烧

脆皮烧鹅

清蒸海河鲜

老火靓汤

香滑鱼球

红烧乳鸽

咕噜肉

烧乳猪

云吞面

广州美食时光

粤菜美食 TOP 10

白 斩 鸡

　　说到用开水煮的鸡，可能令人眉头一皱，想起那又木又淡的感觉，牙齿都觉得累了。但是开水煮的白切鸡会给你个惊喜。最大程度上保留了鸡肉原汁原味的鲜美，淋上姜葱做的佐料，加少许辣味的油，鸡皮是脆的，带有点咸香，姜葱也是脆的，鸡肉和姜蓉、葱丝一起融化在嘴里，不会太辣，也不会太咸，更不会太腻。材料如此简单，却广受欢迎，真实而简单的经典。

叉 烧

　　叉烧是广州传统的名菜，是广东烧腊的一种。其实叉烧就是把腌渍后的肥瘦相间的猪肉挂在特制的叉子上，放入炉内烧烤。好的叉烧应该肉质软嫩多汁、色泽鲜明、香味四溢。在很多酒家、粥粉面店、烧腊店都可以吃到，甚至最普通的外卖都少不了叉烧，它早已深入广州的大街小巷、千家万户。

資讯。微焦镜
广州美食时光

脆皮烧鹅

出炉后的烧鹅热气腾腾，油光红亮，用刀切开时会有油沿着刀口流出来。但是烧鹅并不腻，因为在瓦缸内烤制时，油脂不断地渗出鹅皮，在皮下形成一层脆皮，尤其是最脆的鹅胸皮，它的鹅皮与皮下鹅油各占一半，特别脆口，所以叫"脆皮烧鹅"。事实上，看起来最少肉的鹅头香气是最重的，烧制时，鹅身的香气会往上飘，被鹅头吸收。上桌时跟冰梅酱、海鲜酱一起搭配，有时还会有黄瓜、小葱。

清蒸海河鲜

在广州人看来，"清蒸"是对一条鱼的最高规格的待遇。在只添加了姜丝葱段的情况下，仅仅凭借鱼本身被蒸发出来的鲜味对同一条鱼进行循环透析，从而最大限度地保持了鱼的原味，而且最能留住其形体及神态上的完整。广州人多是清蒸鲈鱼和鳜鱼，一般是一盘一鱼，鱼肉被切开，红的、绿的、黄的姜葱椒切丝被撒在鱼肉上，蘸蘸鲜甜的鱼汁，放入口中，鱼肉顺着本身的肌肉纹理自己化开了，江南水乡的味道被吃到了嘴里。

065

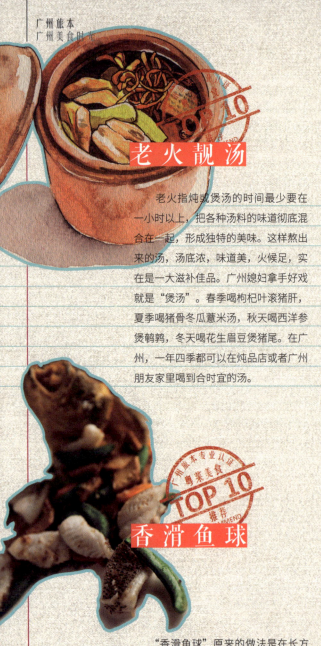

老火靓汤

老火指炖或煲汤的时间最少要在一小时以上，把各种汤料的味道彻底混合在一起，形成独特的美味。这样熬出来的汤，汤底浓，味道美，火候足，实在是一大滋补佳品。广州媳妇拿手好戏就是"煲汤"。春季喝枸杞叶滚猪肝，夏季喝猪骨冬瓜薏米汤，秋天喝西洋参煲鹌鹑，冬天喝花生眉豆煲猪尾。在广州，一年四季都可以在炖品店或者广州朋友家里喝到合时宜的汤。

香滑鱼球

"香滑鱼球"原来的做法是在长方形的鱼块上刻刀花，熟后，鱼块自然弯卷，像个小白球一样，又嫩又弹。不过现在已不刻花，这样鱼块熟后就不出现球状，但是已经习惯了称为"鱼球"。鱼球嫩滑鲜香，故名"香滑鱼球"。

红烧乳鸽

TOP 10 推荐 RECOMMEND

红烧乳鸽一般用竹盘垫纸装着，小而红，所以一盘常可以装好几只。鸽子体态丰满，肉质细嫩，纤维短，滋味浓鲜，芳香可口，是上好的烹饪原料，用来红烧，其肉甘香、入味，出品上乘。食用过程中有香喷喷的油"滋"地流出来，让有嚼劲的肉不会太干，再加上一口白饭，简直叫一个满足。

咕 噜 肉

TOP 10 推荐 RECOMMEND

糖醋咕噜肉又名古老肉，始于清代。当时在广州市的许多外国人都非常喜欢食用中国菜，尤其喜欢吃糖醋排骨，但吃时不习惯吐骨。广东厨师即以去骨的精肉加调味与淀粉拌和制成一只只大肉丸，入油锅炸至酥脆，再蘸上糖醋卤汁，其味酸甜可口，受到中外宾客的欢迎。糖醋排骨的历史较老，现经改制后，便改称为"古老肉"。外国人发音不准，常把"古老肉"叫做"咕噜肉"，因为吃时有弹性，嚼肉时有格格声，故长期以来这两种叫法并存。此菜在国内外享有较高声誉，市面上常见的是罐头菠萝搭配的咕噜肉。

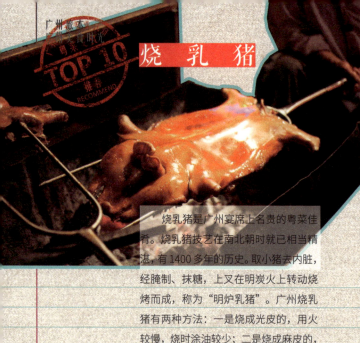

烧 乳 猪

烧乳猪是广州宴席上名贵的粤菜佳肴。烧乳猪技艺在南北朝时就已相当精湛，有1400多年的历史。取小猪去内脏，经腌制、抹糖，上叉在明炭火上转动烧烤而成，称为"明炉乳猪"。广州烧乳猪有两种方法：一是烧成光皮的，用火较慢，烧时涂油较少；二是烧成麻皮的，火旺，烧时不断涂油，利用油爆出的气泡疏松乳猪表皮。这种麻皮乳猪，皮色金黄，芝麻般的气泡均匀密布，表层大小一致，皮层更为酥脆，"入口则消"。食乳猪时，常佐以白糖、千层酥、甜酱等。

云 吞 面

云吞面通常是指馄饨加上竹升面。云吞则是鲜虾蟹子云吞。云吞皮薄馅多，透着粉红色。面汤鲜美，竹升面幼细滑韧，虾和蟹子脆爽，配上酸萝卜，简直一绝。在上下九、西华路、人民路一带都有很多这种卖云吞面的小吃店。由于此品汤味浓郁，云吞皮薄馅多，面有弹牙之感，因而成为广州街坊喝早茶、闲时充饥或解馋的美食。

羊城美食巡游

海鲜

虽然广州市区不靠海，但是很多地方命名都和海有关，足见广州人对海的一种情怀，尤其是海鲜也是经典粤菜的一分子，海鲜在广州人心中还是有一定地位的。

胜记海鲜饭店

20世纪80年代风靡一时，
环境有怀旧气息

RECOMMEND 招牌红烧乳鸽
龙虾伊面
棉花鸡丝翅

LOCATION 越秀区长堤大马路228号

东江海鲜酒家（有多间分店）

老字号

RECOMMEND 蒜蓉开边蒸大虾、碧玉海珊瑚、白灼虾、芝士龙虾、多宝鱼、白灼麻虾、粉丝蒸元贝、榄角蒸鲈鱼、清蒸膏蟹、上汤田七叶、金瓜盏

CLOSE TO 越秀区沿江中路203号

盛港湾海鲜食府

RECOMMEND　椒盐濑尿虾、椰香鸡、三文鱼刺身、九节虾、龙虾、蒜蓉蒸元贝、芝士番薯

CLOSE TO　黄沙水产品交易市场（可在此选购海鲜送到店里加工）、鹅潭美景、沙面

渔民新村（有多间分店）

RECOMMEND　三文鱼、咖喱蟹、椒盐濑尿虾、扇贝、三文鱼刺身

LOCATION　番禺区大石街番禺大道北8号

酒家

在广州吃经典粤菜就要去酒家。
北京有茶馆，重庆有面馆，广州则有
酒家，这是一种象征标志，是土生土
长的人存放记忆的一个依托，很多关
于亲情、友谊的故事在这里发生。

广州酒家

RECOMMEND 镇店之宝文昌鸡、虾饺、干蒸、拉肠

CLOSE TO 上下九步行街

陶陶居酒家

广州最早期的豪华食府，百年老字号

RECOMMEND 猪脑鱼羹、五彩鲜虾仁、姜葱炒肉蟹、西湖菊花鱼、手撕盐焗鸡、片皮挂炉鸭、云腿爽肚、雪里藏珍、五仁咸肉月饼、五仁白绫酥

CLOSE TO 上下九步行街、南信甜品、银记肠粉、陈添记、仁信甜品

泮溪酒家

装修是岭南庭园特色，风格别致，有荔枝湾作衬托

RECOMMEND 以当地特产"泮塘五秀"（莲藕、菱角、茨菇、马蹄、茭笋）为原料的菜式和点心、鲜虾肠、泮塘马蹄糕、八珍茭笋皇、郊外大鱼头

CLOSE TO 荔湾湖公园、西关民俗馆

雍雅山房

RECOMMEND 鱼头火锅（水库鱼头配上药材天麻）、煎焗麦溪鲩、琵琶BB鸭、冰火三层肉

CLOSE TO 越秀公园

炳胜海鲜酒家

RECOMMEND 鱼生（种类很多）、脆皮叉烧、冷水猪肚、豉油皇鹅肠、和味猪手

LOCATION 珠江新城

大排档

到了深夜，很多酒家、粥粉面店都关门休息，这时候轮到大排档登场。尤其是夏天，就会有背心短裤拖鞋的街坊出来觅食。凉凉的晚风，最亲密的朋友，几碟小炒，聊聊最近的小生意，吐吐槽，自黑几句，白天的暑气就都散了，烦恼也都散了。

海珠区宝业路

RECOMMEND

海珠区宝业路宵夜一条街，诸多大排档食肆云集。

嘻嘻虾大排挡

RECOMMEND 避风塘炒蟹、干炒牛河椒盐九肚鱼、脆皮大肠、紫苏炒螺、椒盐鱿鱼须

LOCATION 荔湾区龙津东路709号

孖记士多

RECOMMEND 招牌濑尿虾、滑蛋牛肉、炒青口、蒸鲥鱼、咸蛋黄炒云南小瓜

LOCATION 荔湾区人民中路487号

联丰美食

RECOMMEND 猪杂粥、铁板猪杂、猪杂肠粉、猪腰肠粉、铁板猪生肠、猪面肉腊肠、炒花甲

LOCATION 番禺区青萝路与新沙渡街交叉口东北角（离市区较远）

茶餐厅

广州人和香港人一样看重茶餐厅，随处可见茶餐厅的连锁店。茶餐厅不仅价格亲民，卡座、墙饰、菜式、服务风格（随叫随到，但不叫一定不到）都有着浓浓的港味，这是广州这个老大哥对香港这个"细妹"的一种难以割舍的情感。

敏华冰厅

RECOMMEND　广州首创BIG MEN菠萝包、敏华四宝饭、黯然销魂饭、金砖虾多士

永兴茶餐厅

RECOMMEND　半斤八两胡椒虾、泰皇咖喱鸡、至尊冬阴功海鲜汤、网红糖水捞火锅

吴係茶餐厅
（20世纪80年代港式风格装修，氛围很赞）

RECOMMEND　冰镇奶茶、清汤牛腩、避风塘炒蟹、棉花鸡、虾饺皇、烧肉、港式烧鸡、生滚粥

和平馆

RECOMMEND　红酒牛脹、澳门烧肉

粥粉面小吃

要吃粥粉面，最好的去处是西关，这里店多味经典，充满老广记忆。这里的小吃主要集中在两条路线上。一条是多宝路→长寿路→宝华路→上下九，还有一条是西华路 → 北京路 → 文明路。

伍湛记、南信甜品

RECOMMEND 伍湛记、欧成记（师傅跳槽，已倒闭）、南信甜品被称为"荔湾三专"。伍湛记的及第粥以肉丸、粉肠、猪肝下粥，粥底绵滑，白米粥熬到米粒全化，最后再撒上葱花，切碎油条，伴小碟鸡蛋散上桌。猪内脏又称"杂底"，粤语叫法美化为"及第"，成为卖点。有不少父母为讨个吉利，还会买"及第粥"拿回家给子女吃。南信的小吃比较全，牛羊杂汤、牛三星、鱼蛋粉、云吞面、双皮奶、姜撞奶、龟苓膏、炖蛋都有，客人很多，常常要拼桌，记得拿桌号。

LOCATION 南信甜品在荔湾区第十甫路47号，上下九附近；伍湛记在龙津东路871号，陈家祠附近。

容意发（容记）

RECOMMEND 牛羊杂汤、牛三星、牛百叶、卤水牛杂

LOCATION 越秀区诗书路广州日报连锁店对面

陈添记

RECOMMEND 陈添记最出名的是这三样小吃：祖传爽鱼皮、豉油王蒸猪肠粉和艇仔粥。最出名的是爽鱼皮，用鲮鱼皮来制作，做好之后冰冻着，装盘时加上花生芝麻、芫荽姜葱、甜椒丝以及浇上酱汁，香脆清爽。

LOCATION 荔湾区宝华路十五甫三巷内进第二档，旁边有很多家在卖鱼皮。

银记肠粉店（连锁）

RECOMMEND	牛肉拉肠
	鲜虾拉肠

宝华面店

RECOMMEND	鲜虾云吞面、金牌猪手面、牛腩面、云吞面、牛三星面、鲜虾净云吞
LOCATION	荔湾区宝华路117号

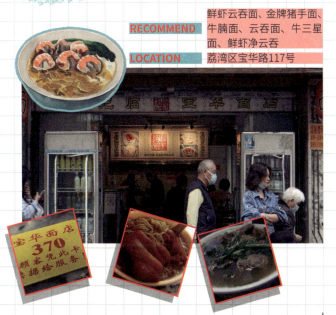

甜品

仁信甜品（连锁）

RECOMMEND 招牌双皮奶、红豆双皮奶、
莲子双皮奶、珍珠双皮奶、
芒果双皮奶、绿豆沙

顺记冰室

RECOMMEND	芒果雪糕
	椰子雪糕
	红豆冰
	椰子雪糕
LOCATION	荔湾区宝华路 83 号
CLOSE TO	宝华面店

芬芳甜品

RECOMMEND	糖不甩、煎饺、芒果西米露、芒果雪糕球
LOCATION	总店在海珠区同福东路619号
CLOSE TO	市二宫地铁站

百花甜品

RECOMMEND	凤凰奶糊、绿豆沙、红豆沙、木瓜西米露、炖奶
LOCATION	越秀区文明路210号
CLOSE TO	农讲所地铁站

玫瑰甜品店

RECOMMEND	芒果西米露、杏仁豆腐
LOCATION	越秀区文明路218号
CLOSE TO	中山图书馆、农讲所地铁站

手信一条街

华林寺玉器一条街

淘金路

北京路

上下九商业步行街

万菱汇、太古汇

中华广场

天河城广场

广州K11购物艺术中心

高德置地广场　花城汇

十三行服装批发市场

农林下路商业街

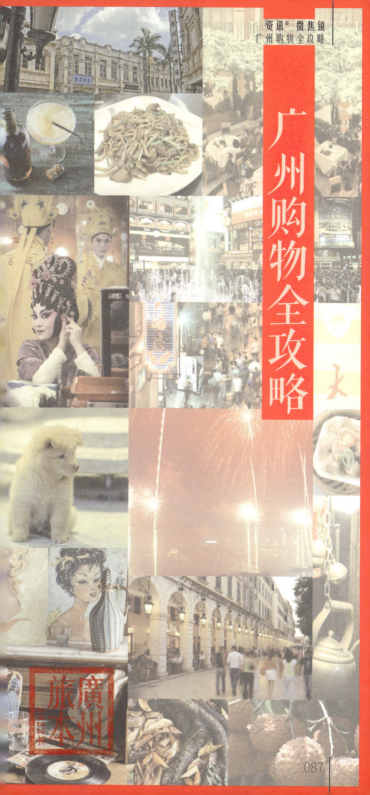

广州购物全攻略

达人广州特色购物清单TOP10

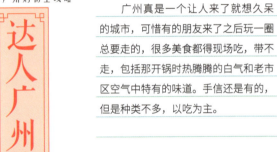

广州真是一个让人来了就想久呆的城市，可惜有的朋友来了之后玩一圈总要走的，很多美食都得现场吃，带不走，包括那开锅时热腾腾的白气和老市区空气中特有的味道。手信还是有的，但是种类不多，以吃为主。

广式腊味

广式腊味品种繁多，有腊肠、腊肉、腊鸭、蛋黄盏等。腊味可存放较长时间，让广州的味道久久留在你身边。

广 式 糕 点

糕点在广州历史悠久，广泛吸取北方六大古都的宫廷面点和西式糕饼的技艺，种类非常多，即使是在最普通的地铁小店，都经常可以买到鸡仔饼、老婆饼、榴莲酥。想要买包装更精美、种类更齐全的可以去莲香楼采购（荔湾区第十甫路），陶陶居和广州酒家也有。

广州版本专业认证
广州特色
TOP 10
购物清单
RECOMMEND

广 式 凉 果

广州旅本专业认证
广州特色
TOP 10
购物清单
RECOMMEND

广式凉果包括蜜饯类、话梅类、果糕脯，还有冬瓜片、糖马蹄、糖莲藕、糖柑饼等。有止晕止呕、润肺生津的功用。

广式贺年食品

如果是冬天来的广州，正好赶上广式贺年食品出炉，那千万不要错过这个好时机。年糕、油角、蛋散、笑口枣、煎堆，这些一到过年前在商场的显眼位置都可以找到，而且包装精美，买一两盒送给亲朋好友，过年也讨个好彩头。

广州版本专业认证
广州特色
TOP 10
购物清单
RECOMMEND

广 州 瓜 果

广州旅本专业认证
广州特色
TOP 10
购物清单
RECOMMEND

可以试试"糖都"番禺潭州的白蔗，黄埔黄登村的"黄登菠萝"，海珠、番禺和增城的葫芦形番石榴，番石榴汁罐头或者菠萝罐头更易于保存。

广 式 调 味 品

广州人重视吃的材料，也重视吃的味道。酱油、柱侯酱、醋、面豉酱、蚝油、腐乳等，都是广州人家厨房里的常见调味品。

广州旅本专业认证
广州特色
TOP 10
购物清单
RECOMMEND

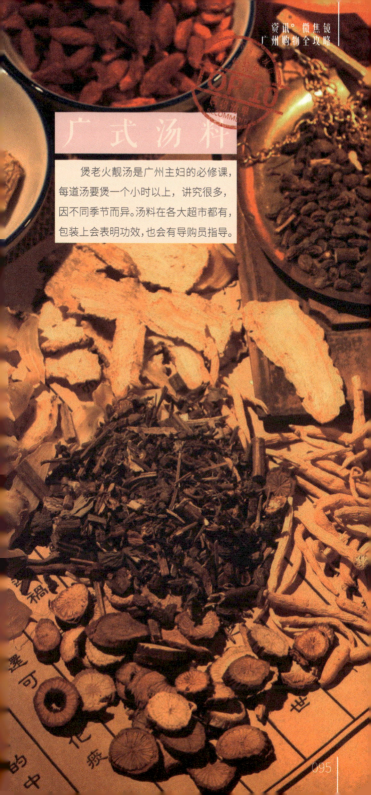

广式汤料

煲老火靓汤是广州主妇的必修课，每道汤要煲一个小时以上，讲究很多，因不同季节而异。汤料在各大超市都有，包装上会表明功效，也会有导购员指导。

广州凉茶

广州气候湿热，容易上火和湿气重，无论是街头巷尾、公交地铁、大商城或是城中村，随处可见凉茶店。

广州人不是把凉茶来当药喝，而是一种因气候而成的生活习惯。黄振龙凉茶馆则是最常见的传统凉茶店；老牌耕田公凉茶铺的招牌是耕田公凉茶、龟苓膏和猪脚姜；金葫芦凉茶店的芦荟龟苓膏和椰子汁也很正。

广州土特产

鲮鱼罐头、蜂蜜产品、茶叶、岭南佳果干制品等都是广州的土特产。

有多家连锁的宝生园曾名为"广州蜂蜜店"，是卖蜂蜜的老字号。宝生园的蜂王浆又名蜂乳，含有多种营养和功效物质，能美容养生，适合送给家里的长辈和女性朋友。

TOP 10

广州版本专业队伍
广州特色
购物清单
RECOMMEND

广州工艺品

有织金彩瓷、波罗鸡、花都中彩珐琅等精美工艺品。雕刻工艺品的原料，经过艺人的精心雕刻，创造出各种人物、花鸟虫鱼的形象以及首饰、山水盆景和文房器皿等，精美绝伦、栩栩如生。

TIPS

广州购物很方便，很多都是平靓正的，但是也有很多水货，不要贪图一时便宜，如果不是行家，那真的要好好辨别。

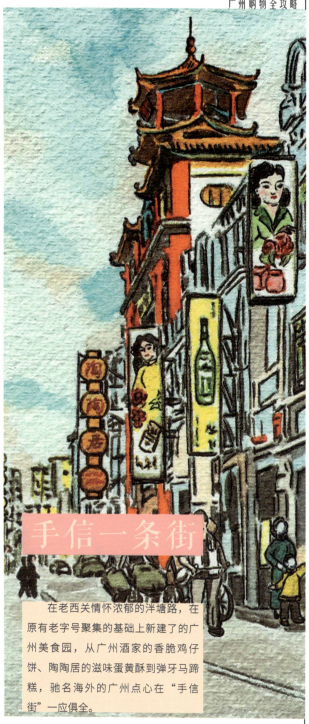

手信一条街

　　在老西关情怀浓郁的泮塘路，在原有老字号聚集的基础上新建了的广州美食园，从广州酒家的香脆鸡仔饼、陶陶居的滋味蛋黄酥到弹牙马蹄糕，驰名海外的广州点心在"手信街"一应俱全。

华林寺
玉器一条街

在广州西关华林街内，有一个连绵近五百米的玉器街市，聚集着上千家大大小小的玉器商号和摊档，这里既有几十元的玉器花件，也有几百元乃至上万元的耳扣、玉坠、玉镯、摆件和花牌。

淘金路

　　淘金路名副其实，一些颇具特色的小店隐蔽在一片住宅区内，极具小资情调。用心寻觅，你淘到的东西足够令你在某个夜晚惊艳全场。

北 京 路

除了大型百货公司外，北京路最值得一逛的是骑楼下与新潮商品同台竞争的老店。莲香楼的饼食、宝生园的蜂蜜，还有清心堂、皇上皇、陈添记、仁信双皮奶等老字号。

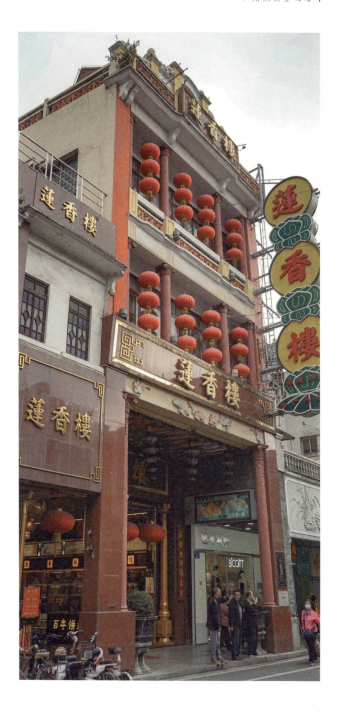

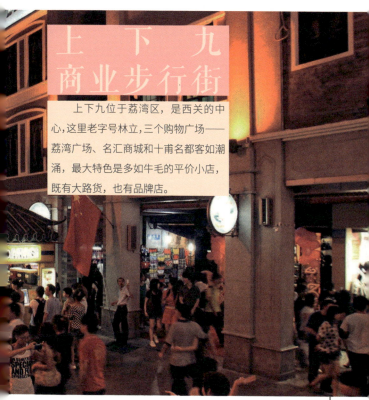

上 下 九
商业步行街

上下九位于荔湾区,是西关的中心,这里老字号林立,三个购物广场——荔湾广场、名汇商城和十甫名都客如潮涌,最大特色是多如牛毛的平价小店,既有大路货,也有品牌店。

大型综合购物广场

WE ARE YOUNG

书店

北京路的联合书店是香港联合出版社在内地投资的第一家书店，有着浓浓的港味，极简主义黑色招牌上白色的"UN"很醒目。抱着一本书坐在书柜间的角落，像吃一块香喷喷的牛角面包一样啃那本书，暖暖的空气熏得人双颊通红。三楼、四楼还有岩陶茶艺、花艺盆栽和许多进口的小玩具，即使不买，厚着脸皮在那里看上半天，店主也会对你笑眯眯地聊上几句。

与Hermes为邻，奢侈品店的香氛掩盖不了方所书店的咖啡香。温暖但不软弱的香气充满整间书店，灯光略暗但看书刚好。方所既是书店，又是咖啡店，又是展览空间，也是服饰时尚馆。比人高出许多的书架很长，并列排放组成一条条书的回廊，看书坐久了抬头活动活动脖子，会发现房顶也是木头斜斜地搭成的，木、麻、陶，简朴的元素带来的是舒适安全的生活美。

　　"对个人而言，生活不只是房子和车，还应该有远方和书；对一个城市而言，深夜的归宿应该不只是灯红酒绿的夜总会，高分贝的KTV，嘈杂的大排档，还可以是一家拥有暖暖灯光的24小时书店。"说这话的是刘二囍，广州体育东路1200bookshop的老板。1200在广州就像莎士比亚书店在巴黎，这里有给背包客的沙发，甚至可以整晚躺在地板上阅读、创作、休息，24小时不打烊，这是对阅读的尊重，对自由的推崇。1200bookshop，创意推出"书店+青旅住宿"的经营模式，被很多年轻人接受和喜爱，他们可以在现代生活中体验更丰富的、更具创造性的生活方式。

　　这几年广州的独立书店越来越多。昌兴街的博尔赫斯书店则像一位隐者，幽居于喧闹的街市。中大南门外，闹市中给学子们一片净土的学而优书店创办也有数十年了，是广州规模最大的、最具影响力的民营文化学术书店。

不
打
烊
書
店

广州旅本
WE ARE YOUNG

UN book store
联合书店

博尔赫斯書店

实验艺术丛书 / 午夜文丛 编辑部

这和那合作社

fang suo
commune

方
所

okshop

不打烊書店

1200bookshop

资讯° 微焦镜
WE ARE YOUNG

UN book store
联合书店

怡乐路93号自编三号二层
博尔赫斯书店
实验艺术丛书 / 午夜文丛 编辑部
这和那合作社

fang suc
commune

咖啡馆

"如果我不在家，我就在咖啡馆；如果我不在咖啡馆，就在去咖啡馆的路上。"

位于沙面的咖啡古董店·慎昌洋行，是一家咖啡与古董相结合的美学艺术复合空间，目前有咖啡体验及课程、场地租赁、艺术活动、美学空间定制等业务。

　　用西洋古董真实复原一百年前洋
楼里的生活情景，配套有手冲咖啡小
课堂、传统英式下午茶文化体验、艺
术沙龙等活动体验。咖啡古董店·慎
昌洋行致力于让人们在品尝高品质的
精品咖啡的同时，更带领人们跨时空
感受百年前的历史情景，给人极致的
艺术美学体验。

　　"玫瑰"是广州咖啡圈中很有名的
咖啡爱好者，很多喝咖啡的广州人都知
道玫瑰咖啡。玫瑰开的玫瑰咖啡花园到
今年有将近三十年了，是广州最早推出
手冲咖啡的咖啡店，藏在中山六路的一
条小巷子里。来这里大多是咖啡爱好

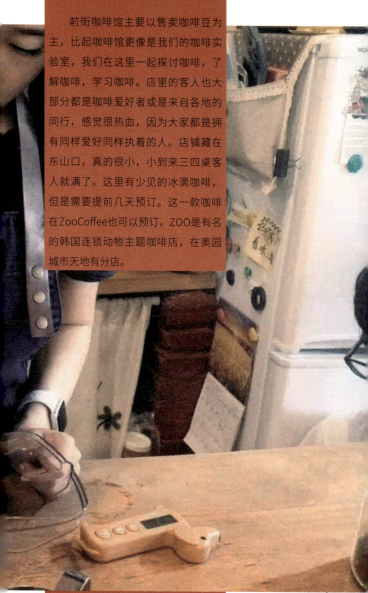

者，他们不是为了喝咖啡而来，而是为了体验咖啡的制作过程。从全球各地有名的庄园、大区咖啡豆，到手冲、摩卡、虹吸、法压等咖啡器具和磨豆机，玫瑰一应俱全，这里卖的不是气氛，而是咖啡文化。

前街咖啡馆主要以售卖咖啡豆为主，比起咖啡馆更像是我们的咖啡实验室，我们在这里一起探讨咖啡，了解咖啡，学习咖啡。店里的客人也大部分都是咖啡爱好者或是来自各地的同行，感觉很热血，因为大家都是拥有同样爱好同样执着的人。店铺藏在东山口，真的很小，小到来三四桌客人就满了。这里有少见的冰滴咖啡，但是需要提前几天预订。这一款咖啡在ZooCoffee也可以预订，ZOO是有名的韩国连锁动物主题咖啡店，在奥园城市天地有分店。

清吧

作为广州四大酒吧街之一的珠江琶醍啤酒文化创意艺术区，是一个以珠江—英博国际啤酒博物馆为依托，在磨碟沙隧道顶部及沿江区域用全新的创意建筑，打造臻具现代格调的啤酒文化艺术平台及高端餐饮休闲娱乐地带。琶醍有很多清吧，其中的W-suns以高颜值与高性价比著称。从琶醍B区入口处直走150米左右就可以看到这家店大大的"W-suns"标志，外墙是工业风的装修，很适合拍照。这里是琶醍唯一一家可以蹦迪的酒吧。

RongEra容时代无敌江景餐吧则位于琶醍二楼的望江台，能欣赏五光十色、流光溢彩的江景，还能看着夜游珠江的游轮缓缓驶过！店内还有一个超大电视屏幕，喜欢看球赛的朋友们可以约上三五老友，边喝酒边看比赛，别提有多爽！值得推荐的是他家酱烧澳洲谷饲牛肋条，肉质鲜嫩多汁，牛肋条略带些筋膜，口感丰富。

洛奇先生餐吧既是餐吧也是清吧，特色是美国西部牛仔的风格，这里的建筑都是利用原有的旧仓库改造的，怀旧风浓厚。人气非常旺，不预订的话有可能要等位，坐在门口的木桶上呆等一个钟。现场表演的女主唱那沙哑的歌声很有味道。火焰牛仔腿取自纽西兰纽种的乳牛腿，每天限量供应。果木烤去骨牛小排分量足，雪花牛肉吸收了果木的清香，据说这是广州最好吃的牛排。不太能喝酒的女孩子推荐野莓得奇利，果味重酒味淡。

偶尔想要做个文艺青年，那一定要来江南西。江南西有一家清吧，店名很调皮，叫做"酒馆名字不够长躲在巷子里不容易被人们发现"，不少

路人被这个名字吸引，临时决定进去小坐。这一坐下，就被各种精酿啤酒惊艳到。很适合闺蜜或者情侣周末小聚，品酒闲聊。

江南西还有一家清吧叫水门Reover，如果你真的热爱鸡尾酒，是鸡尾酒的发烧友，那么其实你也不用为了寻找一杯好喝的鸡尾酒走遍广州。到水门来，普洱尼格罗尼、Wellman、白兰地特调、味增……总有一杯能俘获你。工作繁忙，偶尔抽一个夜晚，享受那种微醺摇曳的感觉，好好犒劳自己一下。

青年旅馆

　　青旅一个床位大都 60—80 元，价格适合爱到处跑的学生党，而且地段好的话还可以看到很不错的风景。床位分为沙发位、闺蜜间、汉子间、混住间，还有单人房。沙发位是最便宜的，汉子和大胆的妹子都可以睡，财物可以放店里的保险柜，有些青旅会有行李房，大件行李可以放行李房。洗衣服、做饭都有公共设备可以用，洗衣机一般是五块钱一桶，早上起床可以和上下铺的朋友一起做早餐吹吹牛。大堂的沙发除了晚上有人睡，白天可以随意坐着和刚认识的朋友聊天，勾搭几个感兴趣的人，说不定扯着扯着就脑洞大开了。

　　春田家家（LAZY GAGA）地处老
市区，一栋埋藏在老广式建筑里面的嫩
黄小楼，离地铁站只有 4 分钟步程，步
行十来分钟就可到圣心大教堂。无论是
周边还是旅舍里的氛围都很好，室内装
修很清爽，还有一幅很大的老城区手绘
地图。这里的软床超级软，躺下去整个
人都会深陷下去。晚上可以看看老板珍
藏的电影，早上赖完床起来煲煲汤，然
后玩玩足球机、桌游和体感游戏。

广州和平行旅青年旅社有洪德路店、和平路店。它是一家从青年文化中诞生的综合旅舍。热爱青旅，希望为聚集在"青年"一词背后的这群人创造一方归属地，一个属于多样群体的开放空间，集电影、书籍、艺术展览、线下对话与住宿于一体，重塑交流与互动的意义，探索住宿形态的新可能，打造存在自由思考的青年人社区。

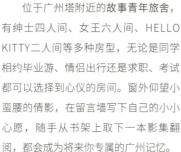

位于广州塔附近的**故事青年旅舍**，有绅士四人间、女王六人间、HELLO KITTY二人间等多种房型，无论是同学相约毕业游、情侣出行还是求职、考试都可以选择到心仪的房间。窗外仰望小蛮腰的倩影，在留言墙写下自己的小小心愿，随手从书架上取下一本影集翻阅，都会成为将来你专属的广州记忆。

做从化温泉游攻略时，可以考虑一下**南方姑娘青年旅社**。这里集文艺、温暖、有趣、潮流、酷炫于一身，除此还有诗和远方。南方姑娘青年旅舍和宾馆相比，除了房间类型、氛围和个性的不同，公共区域的存在，也让南方姑娘青年旅舍给人的感觉更像一个家。也许南方姑娘青年旅舍在住宿的硬件上不如一些的客栈和酒店，但是青旅的公共空间适合用来举办各种各样和旅行相关的活动，特别适合爱旅行和交朋友的年轻人，让大家更有一种亲切感，想融入这个温暖的家。

LiveHouse最早起源于日本，场地不大，形式像是在酒吧的基础上再加上舞台和高级音响设备。不像音乐吧，以喝为主，以听为辅，LiveHouse主要是看Live（现场表演），顺便点点东西喝。这里聚集了各类小众青年，他们在这里享受着贝斯、电吉他、架子鼓带来的冲击感和爆破感，也享受一把木吉他缓慢吟唱的痴情民谣

LIVE HOUSE

TU 凸空间

地址：海珠区新港东路1066号中洲中心
国茶荟负一层

规模：可容纳 1000 人

特色：大量的乐队演出

　　在这里表演的独立乐队特别多。
2009年TU凸诞生在雕塑公园内，是广
州真正意义上的第一家LiveHouse。更
重要的是，当时的TU凸与相邻的"海
石"音乐交流中心、191空间这两个不
同层面的演出场所连在了一起，形成
了一个以广州大道中为范围的
LiveHouse氛围圈。进军万人级别场馆
的乐队、歌手落地广州会首选TU凸，
反光镜、万能青年旅店等一大批知名
歌手、乐队都曾来这里演出。

中央车站 RockHouse

地址：天河区羊城创意产业园 2-8

规模：800 人

特色：高端硬件、专注效果

"中央车站"活化了20世纪50年代旧厂房（广州化学纤维厂），将之改造为一处多功能的展演中心，精心的设计，怀旧的风格，把概念包装得有模有样。不卖酒水，现场不登商业广告，让听众的眼球专注台上，回归现场音乐让中央车站看起来档次已经远远抛离普通LiveHouse。它既像LiveHouse，提供现场音乐表演，也提供体育馆、星海音乐厅才有的横排桌椅。周华健、伍佰、张震岳等流行歌手都曾在此登台。

191SPACE

地址：广州大道中 191 号（地铁五号线五羊邨站 A 出口，五羊新城广场对面）

规模：可容纳 400 人

特色：小众乐队演出，同时也做酒吧

相比TU凸，191空间的演出更偏小众和独立，是以艺术交流为主题的艺术酒吧，聚集了广州的原创音乐人才，同时也支持其他门类的原创艺术，如画展、摄影展、DV、独立电影、诗歌、戏剧。这里的专业音响设备，在广州也算数一数二。基本每天都会有高质量的驻场表演。

声音共和Live house

地址：海珠同创汇园区内，国家级城市
　　　湿地公园海珠湖畔

规模：1200 人

特色：富有变化的展演场景

　　声音共和Live house是一栋建筑面积1300平方米，层高10米的独栋建筑，采用大跨度无柱设计，方正实用。场地分为主体演出区、文创售卖区、艺人休息区，可满足1200人以上的观演需要，同时具备会议展览发布和拍摄功能。场内以高标准打造一流的声光设备系统，温度调节系统和可扩展的演出配套，场外临湖广场，环境优美。

　　"声音共和"为人文艺术、音乐生活提供富有变化的展演场景，并主动促进多元文化的合作与创造，除了提供专业的场馆管理服务，还将携手各方力量打造专属的"诗歌节""音乐节"，并致力成为广州现场文化的新地标。"声音共和"同时也是一种基本态度，意在向一切美好的、有价值的发声保持尊重和致敬。

　　在这里，草木有灵，万物共生，诗与歌，听与见，声音共和。

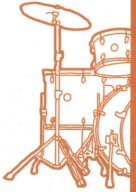

 MORE　**SD Live House**

地址：海珠区工业大道北 132 号"花城往事"创意园 7 号楼

太空间livehouse

地址：海珠区革新路124号太古仓码头五号仓

『读懂广州』体验线路

西关好好玩啊！

体验线路

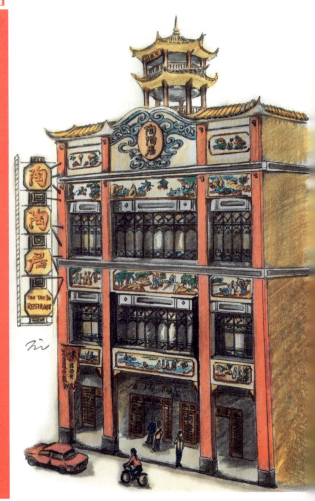

1.荔湾西关　广州乡愁

陈家祠—华林寺—上下九步行街—恩宁路骑楼街—永庆坊旅游区—广东省粤剧博物馆—荔湾博物馆—西关大屋—荔湾湖公园

（美食：陶陶居、莲香楼、广州酒家、皇上皇、宝华面店、陈添记鱼皮、顺记冰室、仁信甜点、向群饭店、吴财记）

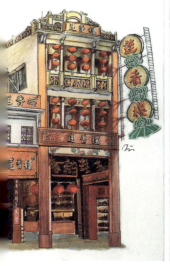

2.中西交汇　建筑艺术

圣心大教堂（石室）—沿江路西堤民国欧陆建筑群（爱群大
厦、南方大厦、邮政博览馆、粤海关、塔影楼）—西堤码头
（珠江夜游）—沙基惨案烈士纪念碑—白鹅潭—沙面欧陆建筑群

3.千年商都　古韵悠长

越秀公园（五羊石像）—镇海楼—南越王博物
院—中山纪念堂—南越国宫署遗址—北京路步行
街—大佛寺—天字码头（珠江夜游）

我是咩仔东山少爷

4.老东山　新河浦

署前路、庙前直街((老东山民国建筑
群)—五大侨园（春园、逵园、简园、
明园、隅园）—中共三大会址纪念馆

买买买!

5.天河路商圈　买买买

天河购书中心—维多利广场—天河体育

中心—天河城—天环广场—正佳广场—

万菱汇—太古汇

我是阿蛮

6.新中轴　新气象

花城广场—东塔、西塔—广州图书馆—
广东省博物馆—广州大剧院—海心沙码
头（珠江夜游）—广州塔（小蛮腰）

红色研学

7.红色羊城　英雄城市

毛泽东同志主办农民运动讲习所旧址—广州起义烈士陵园—中华
全国总工会旧址—"团一大"纪念广场—中共三大会址纪念馆—
黄埔军校旧址纪念馆（不在市区，位于长洲岛）

8.云山叠翠　白云晚望

白云山西门—摩星岭—鸣春谷—能仁寺—

云台花园—麓湖公园—广州雕塑公园

9.主题乐园　欢乐世界

长隆旅游度假区（番禺）

广州融创文旅城（花都）

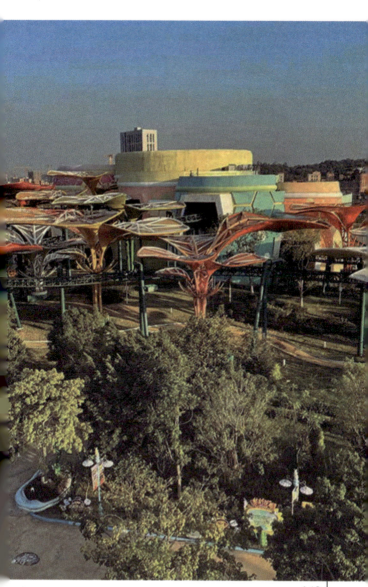

搭地铁游广州

北京路站

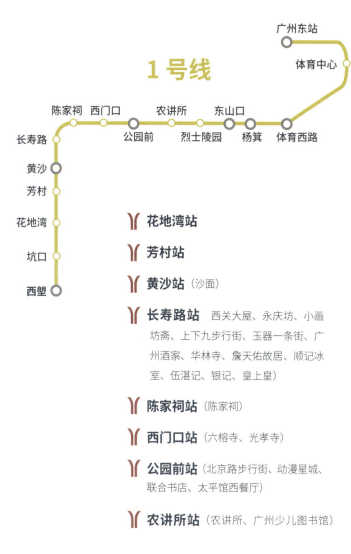

1号线

花地湾站

芳村站

黄沙站（沙面）

长寿路站 西关大屋、永庆坊、小画坊斋、上下九步行街、玉器一条街、广州酒家、华林寺、詹天佑故居、顺记冰室、伍湛记、银记、皇上皇）

陈家祠站（陈家祠）

西门口站（六榕寺、光孝寺）

公园前站（北京路步行街、动漫星城、联合书店、太平馆西餐厅）

农讲所站（农讲所、广州少儿图书馆）

烈士陵园站（烈士陵园、广州近代史博物馆、中华广场）

东山口站（东山湖公园、农林下路商业街、基督教东山堂、新河浦别墅群）

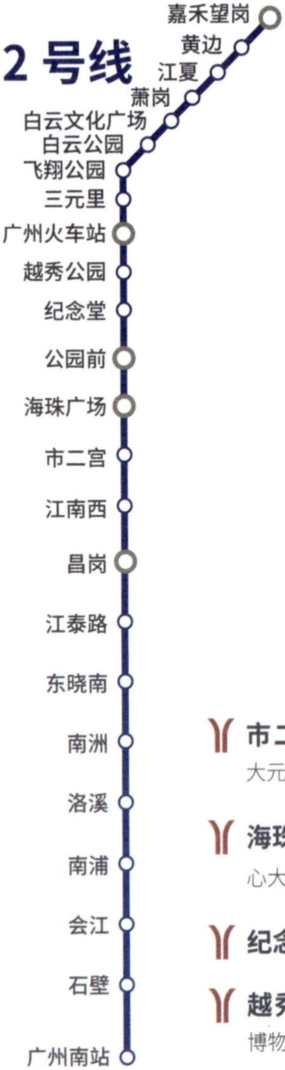

2 号线

嘉禾望岗
黄边
江夏
萧岗
白云文化广场
白云公园
飞翔公园
三元里
广州火车站
越秀公园
纪念堂
公园前
海珠广场
市二宫
江南西
昌岗
江泰路
东晓南
南洲
洛溪
南浦
会江
石壁
广州南站

市二宫站（婚纱一条街、孙中山大元帅府纪念馆、南华西街）

海珠广场站（一德路海味街、圣心大教堂、天字码头珠江夜游）

纪念堂站（中山纪念堂、三元宫）

越秀公园站（越秀公园、南越王博物院）

广州火车站（友谊剧院）

三元里站（三元里人民抗英斗争纪念馆）

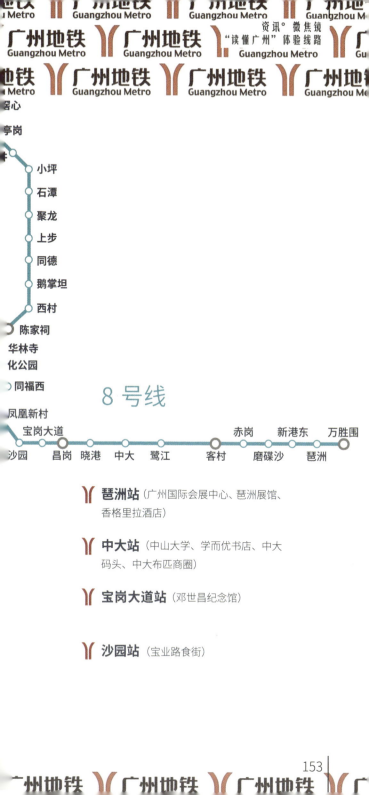

客心

亭岗

小坪

石潭

聚龙

上步

同德

鹅掌坦

西村

陈家祠

华林寺

化公园

同福西

凤凰新村

宝岗大道

赤岗　新港东　万胜围

沙园　昌岗　晓港　中大　鹭江　客村　磨碟沙　琶洲

8 号线

琶洲站 (广州国际会展中心、琶洲展馆、香格里拉酒店)

中大站 (中山大学、学而优书店、中大码头、中大布匹商圈)

宝岗大道站 (邓世昌纪念馆)

沙园站 (宝业路食街)

广州地铁 Guangzhou Metro
广州旅本 "读懂广州"体验线路
广州地铁 Guangzhou Metro
广州地铁 Guangzhou Metro
广州地铁 Guangzhou Metro
广州地铁 Guangzhou Metro
广州地铁 Guangzhou Metro
广州地铁 Guangzhou Metro

5 号线

- 中山八站（荔湾湖公园）
- 淘金站（友谊商店、淘金路小店、花园酒店、白云宾馆）
- 区庄站（黄花岗公园）
- 动物园站（广州动物园、广州海洋馆）
- 猎德站（珠江公园）
- 潭村站

3 号线

- 天河客运站
- 五山（华南农业大学、华南理工大学）
- 岗顶（天娱广场、百脑汇、总统大酒店）
- 石牌桥（太古汇、万菱汇、炳胜酒家）
- 体育西路（天河城、广州购书中心、维多利广场、正佳广场、体育中心）
- 珠江新城（广州国际金融中心、广州歌剧院、广东省博物馆新馆、广州图书馆、"小蛮腰"）
- 客村（TIT 纺织服装创意园、珠影文化创意产业园、二沙岛）
- 汉溪长隆（长隆野生动物世界、飞鸟乐园）

西村　小

广州火车站

坦尾　中山八　西场

滘口

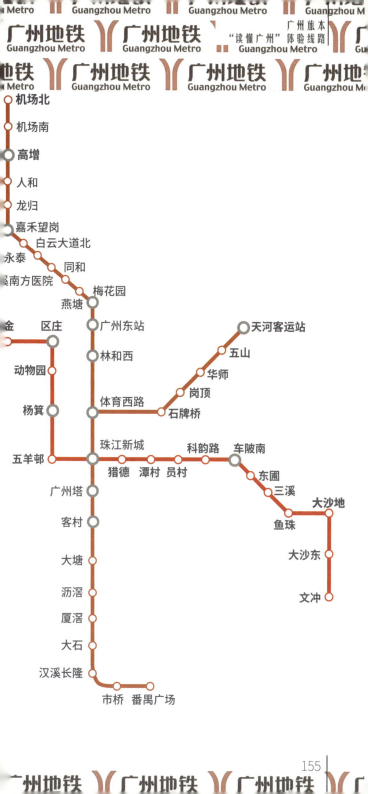

机场北
机场南
高增
人和
龙归
嘉禾望岗
白云大道北
永泰
同和
南方医院
梅花园
燕塘
金　区庄　广州东站　　　天河客运站
　　　　　林和西　　　　五山
动物园　　　　　　　华师
杨箕　　　体育西路　岗顶
　　　　　　　　石牌桥
　　　珠江新城　科韵路　车陂南
五羊邨　　　　　　　　　　东圃
　　　猎德　潭村　员村　三溪
广州塔　　　　　　　鱼珠　大沙地
客村
大塘　　　　　　　　　大沙东
沥滘
厦滘　　　　　　　　文冲
大石
汉溪长隆
　　市桥　番禺广场

实用粤语小汇

普通话	广州话	拼音发音
好厉害	猴赛雷	hǒu saī léi~
好开心	猴嗨森	hóu hōi sām
早上好	早晨	zóu sàn
你好	雷猴	nei hóu
一般般	麻麻地	mā mā déi
好好吃	好好味	hóu hóu mèi~
麻烦你了	唔该	m̀ goī
谢谢	多谢	dō zé
公交车	公交车	gūng cē
出租车	的士	dīk sí
吃饭	食饭	sìk fāan
这里	呢度	nī dòu
称呼年轻女性	靓女	lěng néoi
称呼年轻男性	靓仔	lēng zái

城市丈量指南

.01元
玩晒广州我
广州旅本
GUANGZHOU

160

城市丈量指南

荔湾区
特别推荐

　　逢源街是今日的**西关大屋**景区，把围绕着荔湾湖一带的传统老屋，开辟成展示西关民俗风情的游览点。这里不少大屋，虽多年失修，但在旧屋上仍能看出当年精美的装饰花纹。

　　西关大屋之间建有青云巷（取"平步青云"意），又称冷巷、火巷、水巷等，有通风、防火、排水、采光、晒晾、交通、栽花木等多种功用。还可以去看看修复陈列的西关大屋的内景，室内装修讲究，陈设家具、灯具、条幅、对联、古董、字画、盆景及各种艺术品等。名贵的红木家具，精巧的木雕花饰，富有地方特色。最值得一看的是坐落在荔湾湖上的小画舫斋。

好玩推荐

1. 西关大屋
2. 华林禅寺
3. 沙面
4. 上下九步行街
5. 八和会馆
6. 永庆坊
7. 陈家祠
8. 荔湾湖公园

.01元

玩晒广州我

广州旅本

GUANGZHOU

_____

_____

_____

_____

510030

越秀区
特别推荐

　　二沙岛是珠江中一个沙洲，屹立于珠江边，珠水环岛而过，离市中心和珠江新城 CBD 仅需 10 分钟车程，是最具有广州现代风情的宝地。星海音乐厅，广东美术馆，一片片高尚的生活住宅小区和体育训练基地一起掩映在广阔的绿地中。各种艺术雕塑散布周围，文化艺术氛围扑面而来。位于广州**二沙岛**烟雨路的广东美术馆，西街星海音乐厅，北接绿草茵茵，南临珠江碧波，是一处心灵的回归地。

好玩推荐

1. 南越王博物院
2. 中山纪念堂
3. 农讲所
4. 石室圣心大教堂
5. 六榕寺、光孝寺、大佛
6. 越秀公园
7. 鲁迅纪念馆
9. 广东美术馆

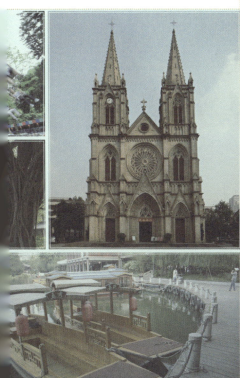

.01元

玩晒广州我

广州旅本

GUANGZHOU

海不扬波

小洲人民礼堂

XIAOZHOU REN MIN LI TANG

海珠区
特别推荐

　　如今有着江南水乡特色的**小洲村**，还没有完全被现代化的洪流所淹没，传统的东西仍然得到传承。走在村落里，河涌蜿蜒交错、造型各异的小桥枕溪流之上，庄重的祠堂规整有序，古老的宫庙朴实淡雅，传统的民居参差错落，在绿树婆娑的掩映下，像一幅画有小溪、绿树、灰垣、素瓦等具有岭南水乡特点的水墨画。昔日的瀛洲八景中的"西溪垂钓""古渡归帆""翰桥夜月"的景色都是与村中的传统建筑有着直接的关系。

好玩推荐

1. 广州塔
2. 海珠湿地公园
3. 珠江琶醍艺术区
4. 黄埔古村
5. 太古仓码头
6. 陈李济中药博物馆
7. 海幢寺
8. 邓世昌纪念馆

.01元

玩晒广州我

广州旅本

GUANGZHOU

510000

城市丈量指南

天河区
特别推荐

华南植物园这颗"南方绿宝石"位于龙洞，这里有龙洞琪林、温室群、热带雨林室、沙漠植物室、高山／极地植物室、奇花异果植物室、名人植树纪念林、蒲岗自然教育径等景点，来这里可以骑旅游自行车、烧烤、玩野战和户外体验式培训。

好玩推荐

1. 广东省博物馆
2. 花城广场
3. 海心沙
4. 天河商圈

167

.01元

玩晒 广州我

广州旅本

GUANGZHOU

510080

城市文堂后向

白云区
特别推荐

　　广州市城市规划展览中心位于白云新城核心区，与白云国际会议中心隔路相望。整个建筑的外形像一个不规则的灰色盒子，气派恢弘，由中国工程院院士何镜堂设计。中心全面展示了广州这座伟大城市的总体概况、城市历史、城市发展、建筑、未来总体规划、高科技产业走向等。无论你是广州本地人还是外地游客，这里都值得你过来参观游览。

好玩推荐

1. 白云山
2. 帽峰山森林公园
3. 神农草堂中医博物馆

.01元

广州我

广州旅本

广州

GUANGZHOU

170

510700

黄埔区

特别推荐

长洲岛位于广州老城区东缘，是珠江上的一个江心岛，与广州大学城仅一桥之隔。这里的沙洲低矮平坦，水涌纵横，岭南水乡特色浓郁。中山公园、圣堂山公园、环岛长堤等都是休闲的好去处。岛上有不少特产：深井霸王花、长洲粉葛、长洲香蕉、长洲大果阳桃及龙眼、黄皮等。此外长洲的黄埔蛋、长洲年糕、长洲田蚊鱼也很著名。

好玩推荐

1. 丹水坑风景区
2. 南海神庙
3. 黄埔军校旧址
4. 天鹿湖森林公园

玩晒广州我

广州旅本

广州

GUANGZHOU

.01元

5 1 1 4 0 0

番禺区
特别推荐

沙湾是一个有着近 800 年历史的岭南文化古镇，因地处古海湾半月形的沙滩之畔而得名。这里是广东音乐的发祥地，《雨打芭蕉》《赛龙夺锦》传扬海外，"何氏三杰"声名远播。这里的古镇完整地保存着岭南地区传统村落梳式布局，蕴藏着丰富的砖雕、灰塑、木雕、壁画艺术珍品。此外，还有醇香诱人的传统小吃姜埋奶、牛乳白饼□□精彩民俗，淳朴民风，美景美味，美不胜收，引人流连忘返。

好玩推荐

1. 长隆旅游度假区
2. 莲花山
3. 岭南印象园
4. 大夫山
5. 余荫山房
6. 宝墨园
7. 沙湾古镇

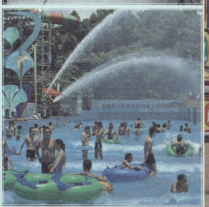

.01元

玩晒

广州我

广州旅本

广州旅
GUANGZHOU

510800

花都区

特别推荐

　　芙蓉嶂距离广州市中心区仅1小时车程，交通便捷。区内群山逶迤，松林叠翠，飞瀑流泉与湖光山色交相辉映，山顶负离子密度极高，自然风光优美怡人。这里有芙蓉水上世界、芙蓉沟溯溪探险、真人CS彩弹野战、桃花水母保护区、芙蓉西山飞瀑、龙王古庙公园、芙蓉峡漂流、芙蓉峰森林公园、户外拓展培训基地等景点。

好玩推荐

1. 花都香草世界
2. 洪秀全故居
3. 圆玄道观
4. 融创文旅城

.01^元

玩晒 广州我

广州旅本
GUANGZHOU

5 1 1 4 5 8

南沙区
特别推荐

南沙湿地公园位于广州市最南端，地处珠江出海口西岸的南沙区万顷沙镇十八涌与十九涌之间，是广州市最大的湿地公园，是候鸟迁徙的重要停息地之一。春天在这里赏花，夏天在这里赏荷叶田田，秋天在这里看红树苇影，冬天在这里观掠水候鸟。

好玩推荐

1. 南沙天后宫
2. 南沙十九涌
3. 百万葵园
4. 黄山鲁森林公园
5. 大角山海滨公园

177

.01元

玩晒 广州我

广州旅本
GUANGZHOU

_____

_____

_____

_____

511300

增城区

特别推荐

如果你担心外出旅行会遇到人挤人的窘态的话，不如到**增城绿道**骑行，与大自然来一次亲密接触。秋天，数百棵古乌榄树正是收获的季节，秋风起，榄香四溢，金叶七彩花田已经开满了金黄色的波斯菊、迷人的醉蝶花以及艳丽的太空玫瑰。骑行绿道上，穿行梯田花海中，与飞瀑近距离接触，去小楼人家、白水寨寻找自驾、垂钓、农家乐等惬意休闲的乐趣，这些，都会让你充分领略到增城区的独特魅力。

好玩推荐

1. 挂绿广场
2. 增城广场
3. 白水寨
4. 千年古藤
5. 大丰门漂流

179

.01元

玩晒

广州我

广州旅本

GUANGZHOU

5 1 0 9 0 0

从化区
特别推荐

溪头村位于从化北部，是流溪河三大源头之一。村落山高草密，林茂竹翠，橘树李树满山遍野，土屋石屋错落村隅。溪头村有一条叫影古线的徒步路线，近年来也吸引了一些徒步爱好者。漫山遍野的李花是溪头村的一大特色，这是个适合静静小住几天的村落，潺潺流动的小溪水，仿佛轻轻地述说着荏苒的时光。

好玩推荐

1. 流溪河森林公园
2. 石门森林公园
3. 宝趣玫瑰世界
4. 天适樱花悠乐园
5. 从化温泉风景区

www.farwhere.com 雕刻旅行时光